Auf der Suche nach Freiheit

Freundesbriefe

von

Arthur Richter

R. Brockhaus Verlag Wuppertal

R. Brockhaus Taschenbücher Bd. 23

19. Taschenbuchauflage 1984
Umschlaggestaltung: Carsten Buschke, Leichlingen 2
Gesamtherstellung: Breklumer Druckerei Manfred Siegel
ISBN 3-417-20023-7

Inhaltsverzeichnis

1. Anstelle einer Einleitung 5
2. Von der Lage der Menschheit 6
3. Vom Menschen unserer Zeit 11
4. Von der Änderung des Menschen 15
5. Über die Sünde 19
6. Konkrete Sündenerkenntnis 22
7. Hilfen zur Sündenerkenntnis 26
8. Der unbestechliche Spiegel 43
9. Von der Vergebung 46
10. Von der Beichte 53
11. Von der Angst 62
12. Von den Süchten 68
13. Vom Aberglauben 72
14. Die Entscheidung 77
15. Von der Nachfolge 84
16. Von den Haushaltern Gottes 89
17. Über den Glauben 103
18. Über die Vergebung von Mensch zu Mensch . . 112
19. Über das Gebet 120
20. Vom gehorsamen Leben 127
21. Vom sieghaften Leben 133

1. Anstelle einer Einleitung

Es hat sich so gefügt, daß ich die Aufgabe in die Hand bekam, einen Kreis von Menschen durch Rundbriefe anzusprechen. Zuerst waren es einfache Informationen, dann mußten tiefergehende Fragen beantwortet werden. Der Kreis der Freunde wuchs. Nun stehe ich vor der Aufgabe, diese Briefe zu ordnen, noch einmal zu durchdenken und einen Teil davon zusammenzufassen. Sie sind aus der gemeinsamen Arbeit vieler Freunde erwachsen, und ich habe auch Gedanken verarbeitet, die da oder dort schon einmal gesagt wurden.

Dieses Buch will helfen, vielleicht auch klären und manchmal ein bißchen aufmuntern. Es erhebt keinen Anspruch, besonders originell oder unbedingt richtig und gültig zu sein. Es ist ein Buch für Christen und für solche, die es werden wollen. Weiter nichts.

Wenn man Menschen etwas sagen will, was den Wert einer Antwort und einer Hilfe haben soll, dann muß man vorher sehr sorgfältig darauf hören, welche Fragen sie bewegen. Es könnte sonst sein, daß eine richtige und große Botschaft in den leeren Raum gesagt wird, weil sie auf Fragen zugeschnitten ist, die heute nur noch akademischen Charakter haben. Zur Zeit Luthers war die Frage nach dem gnädigen Gott hochaktuell. Man konnte mit dem Mann auf der Straße darüber reden. Heute sind die Menschen in den Betrieben und Büros, in Schulen und Hörsälen daran nicht interessiert. Sie fragen auch nicht nach »der Wahrheit« oder nach der reinen Lehre. Das überlassen sie freundlich aber bestimmt den Diskussionen religiöser Fachleute. Dabei stehen sie Gott und Kirche durchaus nicht feindselig gegenüber. Sie bleiben außerhalb. Sie haben eine merkwürdige Haltung wohlwollender Indifferenz und lassen sich von der kirchlichen Verkündigung nicht persönlich anreden. Diese tüchtigen und fleißigen Männer und Frauen, diese vielen jungen Leute sind ganz auf sich und auf ihre Existenz ausgerichtet. Alle Fragen richten sich auf dieses Leben, weniger auf seinen Sinn als auf seine Bewältigung. Den heutigen Menschen interessiert alles das brennend, was seine Existenz angeht.

Auf diese Fragen gibt es eine Antwort! Wir haben die große Botschaft von einem neuen Leben zu sagen. Nicht von einer verbesserten Auflage des alten oder von einer Steigerung und Sinnerhöhung, nicht von einer Projektion aller Hoffnungen in ein besseres Jenseits, sondern von einem andersartigen Leben, das in der Mitte unseres Wesens beginnt und sich höchst praktisch in Ehe und Familie, aber auch im Büro und Betrieb bewährt. Das ist nicht so gemeint, daß der Christ nun in strahlender Unbekümmertheit nach der Melodie »Immer fröhlich, immer fröhlich, alle Tage Sonnenschein« durch die Gegend zieht, im Handumdrehen Probleme löst und Menschen und Völker umwandelt. Aber wer seine Lebensverbindung mit Jesus Christus gefunden hat, der ist zu einem wahrhaft neuen Leben hindurchgedrungen. Auch hier möchte ich Mißverständnisse vermeiden und deutlich sagen, daß dieses neue Leben nicht durch besondere moralische Qualität oder durch große Erfolge — etwa auf dem religiösen Sektor — gekennzeichnet ist, sondern durch das, was das Neue Testament »Frucht« nennt. Das ist eine Frage des Wachstums und eignet sich nicht für Propaganda durch Lautsprecher. Aber wo Frucht ist, da wirkt sie sich aus, sowohl für den Träger wie für die Umwelt.

Davon wird zu reden sein. Wir möchten uns nicht an interessanten Problemen festbeißen. Man kann natürlich christliche Fragen sensationell aufziehen und fesselnd darbieten und wird in unserer diskutierfreudigen Zeit damit auch Widerhall finden. Aber das ist nicht unser Anliegen. Wir möchten das gemeinsam durchdenken, was unser Leben angeht. Wir wollen versuchen, praktische und gangbare Schritte zu zeigen.

2. Von der Lage der Menschheit

Die Welt ist klein geworden. Wir können fast im gleichen Augenblick miterleben, was irgendwo auf dem Erdenrund und im Weltraum geschieht. Es gibt kaum ein großes Problem, das nicht den Rahmen eines Volkes sprengt und zur Weltfrage wird. Das ist unbehaglich und beängstigend. Man wünscht sich einen gesicherten Standort irgendwo außerhalb des turbulenten Geschehens, um von dort aus mit Ruhe und Abstand die Entwicklung beobachten zu können. Im Grunde steckt in uns noch ein Rest von dem Bürger, der beim Frühstück in großer Ruhe und mit gruseligem Vergnügen zur Kenntnis nimmt, wie »draußen, weit in der Türkei, die Völker aufeinanderschlagen«. Das ist vorbei. Wir werden gezwungen, nicht nur über den Gartenzaun, sondern auch über Völker hinweg an die Menschheit zu denken.

Diese Menschheit ist in der bisher größten Gefahr ihrer Geschichte. Eine solche dunkle Aussage ist mir persönlich zuwider. Ich bin versucht, sie sofort mit dem Hinweis abzuschwächen, daß es schließlich aus jeder Schwierigkeit bisher einen Ausweg gegeben habe. Natürlich weiß heute jedermann von der Bedrohung durch die atomaren Waffen. Der Gedanke an ihre Vernichtungskraft ist nicht zu ertragen, darum verdrängen wir ihn und überdecken das Grausen mit der Hoffnung, daß das Gleichgewicht des Schreckens und die allgemeine Angst den Einsatz dieser Waffen verhindern wird. Es kann sein, daß dies wirklich gelingt.

Aber es gibt Weltprobleme, die schon heute als ausweglos bezeichnet werden müssen, und die auf eine Katastrophe zusteuern. Wir stehen vor einer Welt-Hungersnot. Schon jetzt sind zwei Drittel der Menschheit unterernährt. Schon jetzt verhungern in zwanzig Monaten so viele Menschen, wie in zwei Weltkriegen starben: 55 Millionen. Alle Versuche, das explosionsartige Anwachsen der Weltbevölkerung durch Geburtenkontrolle zu regulieren, kommen um dreißig Jahre zu spät. Der Gedanke, hier mit einigen Spenden helfen zu können, ist kindlich.

Hinzu kommt die bevorstehende Krise des Welt-Wasserhaushaltes. Der riesenhaft angewachsene Wasserverbrauch der Industrien wird zur Zeit durch einen Rückgriff auf Grundwasserreserven ausgeglichen und wird in kurzer Zeit eine Austrocknung und Versteppung ganzer Länder zur Folge haben. Durch die ungereinigten Abwässer der Industrien sind schon jetzt alle Flüsse vergiftet. Die ganze Nordsee wird in einigen Jahren ähnlich verseucht sein, weil man täglich Tausende von Tonnen giftiger Rückstände auf See entladet.

Es ist möglich, daß es gelingt, den »großen Krieg« noch zu verhindern. Aber inzwischen hat Vietnam eine neue Form des Krieges gezeigt: den Bürgerkrieg, der alle staatlichen Ordnungen unterläuft und in ihrer fast grotesken Hilflosigkeit einfach zur Seite schiebt, gegen den auch die technische Übermacht nichts ausrichtet.

Man kann sich nun mit dem Gedanken beruhigen, daß es immer Hunger gegeben habe und daß einige Völker einfach unfähig seien, sich zu ernähren. Schließlich gehörte es in den indischen Großstädten schon immer zum täglichen Bild, daß frühmorgens die Leichen der in der Nacht Verhungerten von den Straßen aufgelesen und abgefahren wurden. Man habe sich also offensichtlich an diesen Zustand gewöhnt. Diesen gemütvollen Erwägungen muß entgegnet werden, daß sich die Schicksalsergebenheit der hungernden Völker gründlich geändert hat. Durch die Überfülle der Informationen kennen die hungernden Völker jetzt den ungeheuren Unterschied zwischen armen und reichen Völkern. Sie werden diesen Unterschied nun nicht mehr dumpf und ergeben hinnehmen. Sie fordern ihren Anteil am Reichtum der Welt. Wenn in naher Zukunft viele Herde der Unzufriedenheit zu Revolutionen führen, die Bürgerkriege auslösen, dann stehen wir sehr bald vor der Gefahr des Welt-Bürgerkrieges!

Das eigentlich Schreckliche dieser Lage entsteht durch die Einsicht, daß sie im Grunde nicht nötig war. Wir haben die Erkenntnisse und die technischen Mittel in der Hand, um eine Welt des Friedens ohne Hunger zu schaffen. Es wäre tatsächlich möglich gewesen, die jetzt zu einer Katastrophe reifen Weltprobleme zeitiger aufzufangen und weitgehend zu lösen, wenn wir alle — einschließlich aller Regierungen — nicht so unvernünftig wären. Ich kann es verstehen, wenn junge Leute nicht nur unruhig, sondern geradezu rasend werden bei dem Anblick einer Welt, die trotz unerhörter Möglichkeiten in eine ausweglose Lage hineinschliddert. Und niemand ist dafür verantwortlich, jeder hat ein gutes Gewissen.

Die Militärs aller Staaten bearbeiten Pläne für Vernichtungskriege, die so verbrecherisch dumm sind, daß man schreien könnte. Aber eine Macht diktiert der anderen die Abwehrmaßnahmen, und auch ohne Krieg ruiniert man sich gegenseitig durch unsinnig hohe Rüstungskosten. Selbst arme »Entwicklungsländer« zwingen sich gegenseitig zu unverantwortlich hohen Ausgaben für Rüstungen, statt alle Mittel für den Bau einer tragfähigen Wirtschaft einzusetzen.

Die Politiker spielen Nationalstaaten (bei uns sogar in der föderalistischen Spielart früherer Jahrhunderte), obwohl jeder weiß, daß so gut wie kein Problem auf diese kleinkarierte Weise gelöst werden kann. Unsere große Sehnsucht, endlich die politische Einheit Europas herzustellen, scheint an diesem nationalstaatlichen Denken schon gescheitert zu sein. Und wirklich große Organe, die auf Weltebene arbeiten könnten, sind durch die gleiche Engstirnigkeit bisher verriegelt worden.

Die Wissenschaftler, die stärkste Macht unserer Zeit, spielen wie Kinder im Sand, jeder für sich, mit den gefährlichsten Errungenschaften. »Die Wissenschaft ist ohne Vernunft und unverantwortlich«, schreibt Georg Picht in seinem erregenden Buch »Mut zur Utopie«. Hinter den Wissenschaftlern steht die politische Macht (genauer: die militärische) und das wirtschaftliche Interesse von Gruppen, die ihnen jede neue Erkenntnis aus der Hand nehmen und benutzen, meist ohne Rücksicht auf die Neben-Folgen, die sich bei der Anwendung ergeben. Seit Hiroshima sollte man eigentlich nicht mehr von zweckfreier Forschung reden. Aber man versteckt sich trotzdem hinter diesem Begriff aus der Vorzeit, und es ist niemand da, der die Forschung in vernünftiger Weise lenkt.

Der Philosoph der revolutionären Jugend, Marcuse, fordert in dieser Lage den Typ eines »neuen Menschen«. Er ist es uns schuldig geblieben, genauer zu sagen, wie dieser neue Mensch inmitten der kollektiven Unvernunft entstehen soll. An dieser Stelle beginnen die Utopien.

Im Juni 1968 schrieb der große Physiker Max Born zur Lage der Menschheit: »Es scheint mir, daß der Versuch der Natur, auf dieser Erde ein denkendes Wesen hervorzubringen, gescheitert ist.« Wenn also das »Experiment Menschheit« gescheitert ist, was dann? Georg Picht sieht nur noch eine Möglichkeit für das Weiterbestehen, wenn die Menschheit einen »moralischen und geistigen Durchbruch erlebt, für den es in der bisherigen Geschichte kein Vorbild gibt«. Sollen wir in dieser gefährlichen Verwirrung auf ein neues Aufblühen des Humanismus hoffen? Wir wissen ja nicht einmal mehr, was das eigentlich ist, die Menschlichkeit im Menschen! Vielleicht reden wir darum so viel von Mitmenschlichkeit, weil wir das Bild des Menschen längst verloren haben.

Hochbegabte, wirklich intelligente Menschen guten Willens (also abgesehen von denen, die mit sadistischem Behagen ihr Zerstörungswerk tun oder die uns mit der Produktion ihrer kranken Psyche überschütten) haben versucht, eine Welt aufzubauen, in der Menschen auf menschliche Weise leben können. Es wird wahrscheinlich gelingen, noch einige Zeit den Anschein zu erwecken, als könnte der Aufbau dieser Welt glücken. Unser Wohlstand mag uns noch einige Jahre den Blick für die tatsächliche Lage trüben. Dann werden wir es auch wissen, daß der Aufbau nicht gelungen ist. Man war sehr stolz darauf, daß man auch ohne Gott fertig wird. Aber nun zeigt es sich, daß eine Welt ohne Gott der Katastrophe zusteuert. Gelungen sind uns gewaltige wissenschaftliche und technische Leistungen. Die hat man auch ohne Gott zuwege gebracht. Nicht gelungen ist der vernünftige Einsatz dieser großen Leistungen, weil dazu Menschen von ganz anderer Art und Qualität erforderlich wären. Wir brauchten dazu Menschen, deren Vernunft in der Verantwortung vor Gott steht. Verantwortung vor Gott bedeutet aber, alles menschliche Handeln so auszurichten, daß es einmal vor dem Gericht Gottes bestehen kann. Wir brauchen wirklich einen neuen Typ von Menschen, der vom Geist Gottes geleitet ist.

3. Vom Menschen unserer Zeit

Man redet heute viel vom Menschen unserer Zeit, und es ist interessant, dem zuzuhören. Zunächst wird fast immer anerkannt, daß wir in einer großen Zeit leben, die uns allen wunderbare Möglichkeiten bietet. Unser Gesichtsfeld ist weit geworden, wir wissen Bescheid über alles, was an Nachrichten angeboten wird. Wir reisen, nehmen an kulturellen Ereignissen teil und freuen uns über unseren hohen Lebensstandard. Tatsächlich ist es noch nie in der Geschichte vorgekommen, daß ein ganzes Volk am wirtschaftlichen Aufschwung in solchem Maße beteiligt war. Es geht uns gut.

Andere kommen mit ihrer Darstellung von einer anderen Sicht her. Sie schildern den Verfall des Menschen, seine Zuchtlosigkeit und sein Leben ohne Sitte und Ordnung. Der Mensch unserer Zeit sei böse und unmoralisch, die Jugend sei verkommen. Meist endet diese Analyse mit der Feststellung, daß in früheren Zeiten alles schöner und besser war.

Was ist daran richtig? Der Mensch ist gefährdet, aber wie sieht das aus? Wir möchten jetzt weder moralische noch psychologische Untersuchungen anstellen, sondern beschränken uns auf das, was uns im Umgang mit Menschen begegnet.

Da stellen wir zunächst fest, daß der Mensch mit der Welt, die er selber geschaffen hat, irgendwie nicht fertig wird. Sein Intellekt und seine technische Begabung haben diese industrialisierte Welt in Gang gesetzt und mit immer neuen und noch größeren Erfindungen weitergebaut. Aber er selber, der Mensch dieses technischen Zeitalters, kann darin nicht recht leben. Er ist persönlich unsicher, wird mit sich selbst nicht fertig und verträgt das Alleinsein nicht mehr.

Dazu kommt, daß er in steigendem Maße die Fähigkeit verliert, mit seiner nächsten Umgebung, also mit Frau und Kindern, vernünftig zu leben.

Der in seinen Leistungen wirklich großartige Mensch hat ein stolzes Selbstbewußtsein. Er kann große Reden halten, etwa über den Frieden. Aber er selber ist sichtbar friedlos und gehetzt. Er weiß viel über das Thema Mitmenschlichkeit zu sagen. Aber er ist zerfallen mit den eigenen Kindern.

Wenn man ein genaues Bild über diesen reichen und zugleich armen Mann gewinnen will, muß man seine heranwachsenden Kinder reden lassen. Sie sehen Vater und Mutter mit erbarmungsloser Klarheit. Es entsteht etwa folgendes Bild:

Ein Mann der Industrie (es kann aber auch ein Kaufmann oder Arzt, ein Lehrer oder Pfarrer sein) hat eine beachtliche Stellung erarbeitet. Er leistet viel und wird entsprechend anerkannt. Sein Betrieb schätzt ihn hoch ein, bezahlt ihn gut, er findet volle Anerkennung und genießt das. Er arbeitet lange, bleibt immer länger im Betrieb.

Aber irgendwann muß er nach Hause. An seiner Haustür betritt er einen ganz neuen Lebensraum. Hier ist niemand an seiner technischen Leistung interessiert, hier sind keine Kollegen, die ihn bewundern und keine Sekretärinnen, die ihn anhimmeln. Hier ist eine Frau — immer dieselbe — die auf ihn wartet. Es ist schwer herauszufinden, was eine Frau von ihrem heimkehrenden Mann erwartet. Jedenfalls sind es Qualitäten, die er nicht erworben hat. Er hat nie gelernt, was ein Ehemann ist, und rettet sich vor den Erwartungen seiner Frau in die Rolle des müden Helden, der Rücksicht und Pflege beansprucht. Die Zeitung bietet ihm eine Deckung, und das Gespräch ist erloschen.

Noch schwieriger wird die Lage unseres armen Technikers, wenn er heranwachsende Kinder hat. Die sind auch nur sehr begrenzt an seinen betrieblichen Leistungen interessiert. Sie erwarten den Vater! Aber der hat nie gelernt, was das eigentlich ist: ein Vater. Er probiert es mit der Rolle des Kameraden, aber Kameraden haben die Jungen zu Dutzenden. Sie wollen den Vater und fühlen sich um ihre heimliche Sehnsucht betrogen. Beide möchten gerne den Kontakt, aber sie sind unfähig und hilflos. Der Vater resigniert: Mit dem Jungen ist nichts anzufangen! Die Jungen randalieren: Mit dem Alten ist nicht zu reden.

Der Gerechtigkeit wegen müßte auch ausgemalt werden, wie die Erwartungen des Mannes enttäuscht werden, wenn er bei der Heimkehr statt einer strahlend frischen, ewig jungen Frau eine müde, abgearbeitete Hausfrau antrifft, die vor lauter angestautem Ärger des Tages ganz vergißt, daß eine Ehefrau mehr ist als eine tüchtige Funktionärin des Haushaltes.

Was bedeutet das alles? Es zwingt uns zu folgenden Feststellungen: 1. Der Mensch unserer Zeit funktioniert großartig. Er beherrscht alle Gebiete des »Machbaren« (Ausdruck von Freyer), bewährt sich in allen Berufen und bringt große Leistungen zustande. Aber er ist sehr einseitig geworden. Sein Intellekt ist entwickelt, die Ausbildung ist auf den späteren Verwendungszweck ausgerichtet, am Ende steht der geachtete, hochbezahlte Spezialist.

2. Derselbe großartige Fachmann versagt gegenüber dem Leben. Das Tun und das Sein fallen auseinander. Die berufliche Leistung ist gut, aber das Wesen verkümmert immer mehr. Durch die Unterentwicklung des Wesens verliert er in steigendem Maße die Fähigkeit, mit den nächsten Menschen zu leben.

3. Es leuchtet ein, daß die ständige Spannung zwischen Tun und Sein eine Konfliktsituation schafft, die sich intensiv auf die Gesundheit auswirkt. Kein Mensch kann lange Zeit in dieser Spannung arbeiten und gesund bleiben. Es entstehen Verbrauchserscheinungen, die durch die Arbeitsbeanspruchung nicht erklärt werden können. Die Ärzte haben ausweichende Bezeichnungen dafür gefunden, aber am Ende steht ein handfester Befund. Er heißt: Herzinfarkt.

Wer den Menschen unserer Tage als böse und schlecht bezeichnet, urteilt ungerecht. Seine ernste Gefährdung liegt in der Spaltung der Person: auf der einen Seite die großartige Funktionstüchtigkeit, auf der anderen die wachsende Lebens- und Gemeinschaftsunfähigkeit. Das ist Desintegration! Darum ruft man heute nach dem »neuen Menschen«. Darum kann die Frage nicht zur Ruhe kommen, ob das »Experiment Menschheit« wirklich und endgültig mißlungen ist.

Die Frage nach dem Menschen ist zur Weltfrage geworden. Deutlich ausgedrückt müssen wir fragen:

a) Besteht heute noch die Möglichkeit, als ganzer Mensch zu leben, der Tun und Sein in angemessener Weise entwickelt? Gibt es noch die integrierte Person, die alle Teile zu einer Einheit zusammenfaßt? Oder müssen wir mit den Fachleuten resignieren, die dem Menschen nur noch als gut funktionierendem Konsumenten eine Chance geben?

b) Ist heute noch eine Form von Gemeinschaft denkbar und praktikabel, in der Menschen ganz umschlossen werden, in der alle ihre Fähigkeiten entwickelt, eingeordnet, korrigiert und in den Dienst gestellt werden? Gibt es das noch, oder müssen wir unsere Ansprüche reduzieren und mit den Gruppierungen zufrieden sein, die uns in unseren verschiedenen Funktionen beanspruchen, denen aber der Mensch ganz gleichgültig ist?

Diese Weltfrage ist heute dringend, weil der großartige Funktionär alten Typs offensichtlich nicht in der Lage ist, so »vernünftig« zu handeln, wie es die zur Katastrophe drängenden Probleme fordern. Die Frage nach dem ganzen Menschen ist dringlich, aber nicht neu. In der Bibel, und bezeichnenderweise schon im Alten Testament, kommt der ganze heile Mensch ebenso vor wie seine Entartungsform, die desintegrierte Person. In der hebräischen Sprache gibt es ein Wort, das Luther mit »fromm« übersetzt, das aber genau den ganzen, heilen Menschen, den Menschen nach dem Bilde Gottes, meint. Ein anderes Wort, das wir als »ungläubig« übersetzen, bezeichnet den »Menschen mit dem geteilten Wesen«, den gespaltenen Menschen.

Integration oder Desintegration des Menschen haben mit Gott zu tun.

4. Von der Änderung des Menschen

Das menschliche Unvermögen, mit sich und der Welt in guter Weise fertigzuwerden, ist eine alte Erscheinung. In dieser Lage findet sich der Mensch vor, solange er über sich selbst nachdenkt. Durch lange Zeiten hindurch wurde diese Erkenntnis aber nicht zum allgemeinen Problem, weil der einzelne eingebettet war in ein Gefüge von Ordnungen. Für den denkenden Menschen war das Ordnungsgefüge sittlicher und gesellschaftlicher Art häufig ein Käfig, den er zu durchbrechen suchte. Die große Zahl war darin geborgen. Aber diese Zeit ist vorbei. Ob die Ordnungen nun Käfig oder Stütze waren, sie sind nicht mehr gültig. Jeder ist frei und auf sich gestellt. Die Frage nach dem ganzen, heilen Menschen ist also zur Weltfrage geworden.

Natürlich hat man über Lösungen nachgedacht, solange die Frage bewußt erkannt oder auch nur mit dumpfem Unbehagen empfunden wurde. Diese Lösungsversuche sind alle alt und gleichzeitig zeitnahe. Einige sind ganz modern:

1. Die Flucht aus der Wirklichkeit in eine Scheinwelt. Dieser Versuch gründet auf dem Irrtum, der Mensch komme als Einzelwesen in dieser Welt vor. Man weicht der Erkenntnis aus, daß jeder einzelne nicht nur in eine bestimmte Zeit und in bestimmte Verhältnisse hineingeworfen ist, sondern daß er auch von ihnen geprägt wird. Jeder hat Eltern und Familie. Er lebt in einer Ehe oder als Eheloser. Er kann sich der Geschichte seines Volkes nicht entziehen. Ich habe miterlebt und mit-erduldet: das Kaiserreich, den Ersten Weltkrieg und den Zusammenbruch, den Polenkrieg und die Ausweisung, die Weimarer Republik und ihr Ende, das Nationalsozialistische Reich, den Zweiten Weltkrieg, Gefangenschaft und Zusammenbruch. Wer kann da sagen, er lebe als einzelner auf freiem Felde? Wer kann sich der Prägung dieser letzten Jahre entziehen, und wer hat die Illusion, er könne sich einer kommenden Katastrophe entziehen?

Eben diese Illusion verführt Menschen zu dem Versuch, sich

einen privaten und gesicherten Raum einzubilden und auszubauen, also eine kleine Insel neben der unbehaglichen Wirklichkeit zu schaffen. Dorthin zieht er sich zurück: »Hier bin ich Mensch, hier kann ich's sein.« Dort trifft er sich mit Gleichgesinnten und kultiviert mit ihnen Humanismus, Idealismus oder auch Frömmigkeit. Auf der schönen Privatinsel kann man ohne große Schwierigkeiten ein Christ unter Christen sein.

Aber diese Illusion trägt nicht durch. Der Illusionär muß wieder in Ehe und Familie und Beruf zurück. Über seiner wirklichen Welt hängt die Atombombe, und an die Tore pochen hungernde Völker. Er muß es merken, daß er entweder in seiner Welt ganzer Mensch ist oder gar nicht. Aber der Versuch, auf eine Insel auszuweichen, ist unsterblich. Ein Teil der revolutionären Jugend kultiviert ihre Utopien auf solchen Inseln. Die letzte glückhafte Isolation verschafft dann das Rauschgift.

2. Der Marxismus. Der Philosoph Karl Marx hatte zunächst keine politischen Ziele. Ihm ging es um die Freiheit des Menschen, um den glücklichen Menschen. Die Veränderungen in der Politik, in der Wirtschaft und Gesellschaft hielt er für notwendig, damit die Menschen sich frei entfalten können. Die Politiker auch der östlichen Welt wissen es längst, daß Marx zwar ein großartiger Kritiker des neunzehnten Jahrhunderts war, daß er aber kein Programm für das zwanzigste Jahrhundert hatte. Die Entwicklung hat ihn überholt, und Lenin und Mao sind zu Lehrern des Ostens geworden. Aber gegen jede Erwartung ist Karl Marx wieder eines der Idole moderner Jugend. Auf dem Kirchentag 1969 in Stuttgart verkündeten die jungen Revolutionäre, daß Christus tot ist, und daß Karl Marx lebendig sei.

Seit mehr als fünfzig Jahren wird im Osten versucht, durch Verwirklichung marxistischer Gedanken den freien, glücklichen Menschen zu schaffen. Der Versuch hat Millionen von Toten gekostet. Eine Lösung der Frage nach dem ganzen und heilen Menschen ist nicht sichtbar geworden. Aber auch Irrtümer sind unsterblich.

3. Der Existentialismus ist seit Jahrzehnten die große Versuchung für junge Menschen. Sie sehen die Versuche der Älteren, zu einem ausgewogenen Menschen zu gelangen, sie sehen die meist kümmerlichen Ergebnisse und empfinden das ganze Bemühen als krampfhaft und unwahrhaftig. Nun argumentiert man: Das Suchen nach dem Sinn des Lebens, nach der Erfüllung, nach dem ganzen Menschen ist darum verfehlt, weil in der menschlichen Existenz kein Sinn steckt. Wir kommen aus dem Nichts, bejahen tapfer die Sinnlosigkeit unseres Lebens und werden wieder im Nichts verschwinden. Das klingt wirklich tapfer, nur kann keiner diese Trostlosigkeit durchhalten. Außerdem ist es ja keine Lösung der Frage, in den Abgrund zu schauen und ihn zu bejahen.

Eltern sollten sich mit der Literatur der großen Existentialisten befassen, statt diese Gedanken großzügig als Unsinn zu bezeichnen. Es geht wirklich eine starke Faszination von der gottlosen Traurigkeit Gottfried Benns aus. Er ist einsam und bitter gestorben. Bei Hemingway (etwa »Der alte Mann und das Meer«) findet sich eine bezaubernde Tapferkeit und unpathetische Kraft. Aber als der Dichter dieser Tapferkeit den Ernst seiner Krankheit erfuhr, schoß er sich eine Kugel durch den Kopf. Camus und Sartre und andere stellen großartige Menschen vor uns hin. Aber ich habe noch keinen getroffen, der die tapfere Sinnlosigkeit durchgehalten hat. Geredet hat mancher davon. Hier scheint die Lösung auch nicht zu liegen.

4. Hat die Christenheit eine Antwort auf die Frage nach dem ganzen Menschen?

Zunächst muß festgestellt werden, daß es noch eine Christenheit gibt. Statistisch gehören noch etwa 95 Prozent der Bundesrepublikaner zu einer der Kirchen. Das sind große Zahlen, die sich in entsprechend hohen Kirchensteuern niederschlagen. Die Kirchen reden in der Öffentlichkeit, in Presse, Film, Rundfunk und Fernsehen mit. Jährlich werden bei uns etwa eine Million Predigten gehalten.

Dieses großartige Bild ist durch die innere Lage der Kirchen nicht gedeckt. Nur etwa fünf vom Hundert der Kirchenangehörigen nehmen an den Veranstaltungen teil, 95 Prozent bleiben draußen. Es ist wohl so, daß bei den Nichtinteressierten nicht nur das zahlenmäßige Übergewicht liegt, sondern daß unter ihnen gerade die Menschen sind, die das praktische Leben in Politik und Wirtschaft, in Kunst und Wissenschaft bestimmen. Revolutionäre Gruppen, die meist nichts mit den Kirchen zu tun haben, benutzen sie als Plattform. Die Lehre der Kirchen — auch der Römisch-Katholischen — ist durch Theologen in Verwirrung gekommen. Es wäre also zu fragen, wen wir meinen, wenn wir »Christenheit« sagen. Sind es die Millionen derer, die formal zu den Kirchen gehören, oder sind es die fünf Prozent, die ihre Veranstaltungen besuchen? Sind es die Bischöfe und Synoden oder die Theologie-Professoren?

Wir müßten auch darauf achten, die Frage richtig zu stellen. Wenn wir fragen, ob die Christen die Antwort wissen, wie ein neuer Mensch beschaffen sein soll, dann bekommen wir sicher eine Reihe von Bibelworten zur Antwort. Es geht aber nicht darum, diese Antwort zu wissen. Die Christen müßten diese Antwort *sein*. Die schönen und frommen Reden will niemand mehr hören, selbst dann nicht, wenn sie biblisch begründet sind. Die Welt will die Antwort s e h e n : ganze Menschen, bei denen man spürt, daß an ihnen der Prozeß des Heilwerdens begonnen hat.

Wir werden in Verlegenheit kommen, wenn wir die fünf Prozent der kirchlichen Menschen genauer ansehen. Unter ihnen wird geredet und weiter geredet, aber irgendwie entfernt sich der Bereich der kirchlichen Reden immer weiter von der Wirklichkeit des Lebens. Man hat den Eindruck, daß im Raum des Unwirklichen eine vergangene Religion kultiviert wird, und daß die Botschaft wie ein »ideologischer Überbau« (Stammler) über dem eigentlichen Leben steht. Auch die revolutionären Reden haben den peinlichen Klang des Unrealen, Utopischen.

Der Katholik Walter Dirks hat die Lage mit einem Stichwort gekennzeichnet, das mich nachdenklich gemacht hat. Er schrieb vom »praktischen Atheismus« der Christenheit. Das bedeutet, daß der klassische Atheismus, also die aktive Feindschaft gegen Gott, bei uns aus Mangel an Interesse nicht mehr wichtig ist. Dafür ist eine durchgehende Säkularisierung des Lebens trotz gleichzeitiger Toleranz gegenüber den Kirchen und trotz gelegentlicher persönlicher Religiosität eingetreten. Man weiß alles über Gott, ist auch von der Richtigkeit des Wissens überzeugt, aber praktisch lebt man, als gäbe es keinen Gott.

Wenn die Lage damit hinreichend richtig gekennzeichnet ist, dann werden wir uns nicht mehr mit schönen Reden begnügen können. Es wird auch nicht sinnvoll sein, Resolutionen und Aufrufe an das Kirchenvolk und an Jedermann zu erlassen, sich mitmenschlich zu betätigen. Darum geht es ja gar nicht. Es geht um die Frage, wie ein Mensch ganz und heil werden kann. Marcuse hat völlig recht, wenn er nicht mehr und nicht weniger als den »neuen Menschen« fordert. Es geht also nicht um halbe Dinge, nicht um pathetische Aufrufe, nicht um Rührung und schöne Gefühle, sondern um Erneuerung des Menschen. Es geht um den Vorgang, den die Bibel Wiedergeburt nennt.

Paulus hat den Zustand des neuen Menschen beschrieben: »Ich lebe, aber nicht mehr ich, sondern Christus lebt in mir« (Galater 2, 20). Der Apostel Paulus war kein Illusionär. Und was an ihm geschehen ist, das kann auch uns widerfahren. Wir müßten überlegen, wie der Weg zur Erneuerung des Menschen gegangen werden kann.

5. Über die Sünde

Das ist ein unangenehmes, lästiges Wort! Der Begriff Sünde ist vernebelt und unklar, man weiß wirklich nicht mehr, was darunter zu verstehen ist. Er teilt das Schicksal fast aller großen Worte der Kirchensprache: sie sind undeutlich und verschwommen und haben zum Teil falsche Füllungen bekommen. Was stellt man sich heute unter Sünde vor?

1. In der Umgangssprache begegnet uns das Wort im Verkehr mit der Polizei und dem Finanzamt. Man redet dann von Verkehrssündern oder von Steuersündern. Wenn ein Kraftfahrer sich im Verkehr nicht richtig verhalten hat, ist er ein Verkehrssünder geworden, und man nimmt ihm eine Buße in DM ab, falls er nicht sogar in die »ewigen Bücher« in Flensburg eingetragen wird. Ein Begriff, der mit Leben und Tod zu tun hatte, ist also komisch geworden.

2. Viele meinen, Sünde habe mit Moral zu tun. Wer gegen die gängige Moral verstößt, ist ein Sünder. Aber was ist Moral? Und wer bestimmt das? Die alten Moralbegriffe sind abgebaut. Man kann nicht mehr einsehen, daß die Mode oder der Film oder der Tanz mit Moral zu tun haben. Inzwischen bildet sich eine neue Moral auf der Ebene absoluter Freiheit: Recht ist, was alle tun! Was alle tun, kann nicht falsch sein! Wenn Kinsey durch umfassende Befragungen ermittelt hat, daß neunzig Prozent der jungen Leute vorehelichen Geschlechtsverkehr hatten, dann müßte das also »normal« sein. Unter der Hand hat sich auch die neue Tugend entwickelt. Sie besteht aus der Anpassung an das Verhalten der großen Zahl. Das Ziel dieser Tugend besteht darin, daß jeder so ist, wie sie alle sind.

Der Begriff Sünde ist in diesem Denken nicht unterzubringen. Er gehört auch nicht hierher.

3. Andere Leute meinen, Sünde habe mit der Religion zu tun. Als Religion bezeichnen wir das menschliche Bemühen, ein gutes Verhältnis zu Gott (oder zu den Göttern) aufzubauen und zu pflegen. Viele haben im Bereich ihres Lebens einen Sektor Religion. Er mag schmal und unwichtig sein und hat mit den anderen Lebensbereichen nichts zu tun, aber man hält daran fest, weil er gewisse Bedürfnisse des Gefühls befriedigt — etwa zu Weihnachten. Wenn nun der lästige Begriff Sünde im Sektor Religion eingeordnet ist, dann bedeutet das, daß man an gewissen Feiertagen darüber redet, während der ganze Bereich des praktischen Lebens in wohltuender Weise davon freibleibt — so kann es nicht sein.

Was ist Sünde wirklich? Das kann uns nur die Bibel sagen. Im Alten Testament finden wir diese Begriffe in großer Prägnanz und ohne zeitbedingte Verschwommenheit. Für Sünde entdecken wir zwei Grundbegriffe:

a) Sünde ist Verfehlung des Zieles. Ein Bogenschütze, der das Ziel nicht trifft, hat es verfehlt. Dabei ist es nicht so wichtig, ob er nur um einen Zentimeter oder einen Meter vorbeigeschossen hat. Verfehlt ist verfehlt.

Der von Gott gelöste Mensch verfehlt sein Ziel. Er verfehlt sich selbst. Auch dabei ist es zunächst nicht entscheidend, wie groß der Winkel der Abweichung ist. Erst aus der Grund-Tatsache des verfehlten Lebens erwachsen dann die einzelnen Fehlhandlungen, die Verfehlungen.

Sünde ist die Seinsform des Menschen, der ohne Gott er selbst sein will.

Wir sind es gewöhnt, unter Sünden bestimmte offensichtlich falsche Handlungen zu verstehen: Betrug, Ehebruch, Raub, Mord usw. Es wird notwendig sein, genauer zu denken und zu erkennen, daß alle verkehrten Gedanken, Worte und Handlungen aus der verfehlten Seinsform des von Gott gelösten Menschen erwachsen und darum Sünde sind.

b) Der andere Grundbegriff für Sünde heißt Verschuldung. Er geht von der Erkenntnis aus, daß jeder Mensch Geschöpf Gottes ist und alle Gaben und Anlagen von ihm zur Verwaltung bekommen hat. Wir sind also unabhängig von der Qualität unseres Lebens grundsätzlich an Gott verschuldet und werden einmal vor ihm Rechenschaft abzulegen haben. Dann werden die einzelnen Verschuldungen offenbar sein. Von diesem Tage heißt es, daß wir auf tausend Fragen keine einzige Antwort wissen werden.

Wer einigermaßen nüchtern über sich selbst denkt, wird die Tatsache der Verfehlung und Verschuldung seines Seins einsehen. Aber wirklich schmerzlich betroffen sind wir erst, wenn wir den einzelnen Verfehlungen und Verschuldungen unseres Lebens konkret gegenüberstehen. Mit der Grunderkenntnis der Verfehlung befinden wir uns ja in bester Gesellschaft. Sie betrifft alle Menschen. Die einzelnen Sünden meines Lebens gehen unausweichlich nur mich an. Es wäre also notwendig, Sünden konkret zu erkennen. Das ist nicht leicht.

6. Konkrete Sündenerkenntnis

Es ist wirklich schwer, die konkreten Sünden des eigenen Lebens zu erkennen. Uns befällt manchmal ein dunkles Unbehagen, wenn wir an Sünde denken, aber wir bekommen kaum einen klaren Blick. Woran liegt das?

1. Zu den Kennzeichen unserer Zeit gehört die merkwürdige Unsicherheit in der Unterscheidung von Recht und Unrecht. Dieser Zustand hat eine lange Entwicklungsgeschichte. Vor langer Zeit war ein vom christlichen Glauben geformtes Rechtsgefühl im Bewußtsein der Menschen fest verankert. Man wußte genau, was Recht und Unrecht war. Natürlich wurde auch damals gelogen und gestohlen, aber die Lüge war als Lüge gekennzeichnet, und wer gestohlen oder die Ehe gebrochen hatte, der mußte mit einschneidenden Folgen rechnen, die nicht nur vom Staat, sondern noch viel mehr von der Umwelt ausgingen. Es war zum Beispiel nicht denkbar, daß Inhaber hoher Staatsämter wegen Ehebruchs angeklagt werden und doch im Amt bleiben konnten, weil man ihre Seitensprünge als Privatsache bezeichnete. Die sogenannte öffentliche Meinung hatte sicher auch ihre Schattenseiten, aber sie hütete die Grenzen zwischen Recht und Unrecht. Noch Bismarck konnte in einer Reichstagsrede sagen, daß alle Teile des Volkes, auch die kirchenfremden, von den Rudimenten des christlichen Glaubens der Vorväter leben. Diese Reste waren nicht mehr das, was unter Glauben verstanden sein will, aber sie reichten noch aus, um das ethische Bewußtsein zu formen. Inzwischen sind die Restbestände verbraucht. Man kann anscheinend nicht nur von den Zinsen des christlichen Kapitals leben. Wenn das Kapital nicht in jeder Generation erneuert wird, ist ein Volk bald damit fertig.

Solche Entwicklungen verlaufen weiträumig und fast unmerklich wie alle Zersetzungsprozesse. Damals, als die göttlichen Gebote noch lebendig waren, rührte sich das Gewissen noch bei den Übertretungen. Gott war noch im Spiel. Die Christenheit hat dann langsam aus dem Gebot Gottes moralische Grundsätze werden lassen und hat nicht gemerkt, welche Verschiebung damit eingetreten ist. Hinter diesen moralischen Grundsätzen stand keine verpflichtende Autorität, sondern nur noch eine Art von Tabu. An die Übertretungen gewöhnte man sich und sein Gewissen, und da diese Entwicklung ziemlich alle Zeitgenossen erfaßte, gewöhnte sich auch die Gesellschaft und die Umwelt daran. Es ist erstaunlich, was man mit seinem Gewissen anstellen kann! Es läßt sich dressieren wie ein gelehriger Pudel, der ganz auf die Stimme seines Herrn ausgerichtet ist. Wenn der Herr es will, ist es still; wenn der Herr befiehlt, bellt es, auch an der falschen Stelle. Man kann das Gewissen ganzer Völker umschalten.

Man erschrickt, wenn man die Zersetzung des Rechtsbewußtseins durch die Jahrhunderte hindurch verfolgt. Ich fürchte, daß solche Trends sich nicht aufhalten lassen und mit einem eigenen Gefälle weiterlaufen. Im Sachsenspiegel, einer alten Rechtsquelle, heißt es: »Alles Recht kommt aus Gott! Gott selber ist das Recht!« Das ist ein Festpunkt, über den sich reden läßt. Die gleiche Generation, die sich auf diese Tradition viel zugute hielt, setzte als neuen Grundsatz: »Recht ist, was dem Volke nützt!« Wir können uns heute nur noch schämen. Aber dieses Gefühl hilft nicht, wenn wir jetzt nicht besser aufpassen.

Die allgemeine Relativierung und Zersetzung des Rechtsbewußtseins ist über den Nullpunkt hinausgegangen. Diese Entwicklung läuft nun weiter, sie geht unterhalb des Nullpunktes weiter. Damit meine ich, daß es auch auf diesem Gebiet keinen leeren Raum gibt. Das ethische Vakuum — wenn Sie mir diesen Ausdruck erlauben — füllt sich bereits mit neuen, aber falschen Normen. Unrecht wird nun zum Recht! Wir haben das alles schon mitgemacht: wenn Lüge und Betrug als gesteigerte Geschicklichkeit angestaunt werden, wenn der treue Ehemann zum Trottel und Schweinekerle zu Männern von Welt gemacht werden, wenn anständige Frauen zu langweiligen Spottfiguren und Huren zu Idolen werden und Massenmörder zu Volkshelden — die Reihe läßt sich beliebig verlängern. Dieser Vorgang der Umwertung ist so bedrohlich, weil er schon die Kinder erfaßt. In der Schule ist Betrug eine selbstverständliche sportliche Sache. Beihilfe zum Betrug heißt Kameradschaft. Wenn ein Kind diese Hilfe verweigert, wird es wegen grober Unkameradschaftlichkeit in den Bann getan — ich habe erlebt, wie das auf Kinderherzen wirkt.

Wo diese Entwicklung enden wird, weiß ich nicht. Manchmal erschrickt die Öffentlichkeit, wenn sensationell aufgemachte Nachrichten wie ein Blitzlicht den Tatbestand erhellen. Aber meist sehen wir nur den einzelnen Fall und beruhigen uns schnell. Manchmal lesen wir von der Häufung von Verbrechen, die durch amerikanische Jugendliche begangen werden. Wir sehen ihre Bilder, die Jungen sehen aus wie unsere Kinder, nett und harmlos und ein bißchen aufsässig. Da haben einige Bengel einen alten Neger ersäuft wie eine Katze, nur so aus Spaß! Einen Menschen! Wir schütteln uns und schieben auch das ab — es sind eben Amerikaner, und die waren dem christlichen Mittelstand schon immer etwas zweifelhaft. Aber nun haben wir ähnliche Nachrichten aus Deutschland. Es sind echte Warnzeichen, weil die Beteiligten nicht zu den wenigen »verbrecherischen Elementen« gehören, die man zur Not isolieren könnte, sondern weil alle Zeichen dafür sprechen, daß eine große Zahl junger Menschen aus Lebenshunger und Langeweile, oder einfach um zu Geld zu kommen, zu schweren Verbrechen fähig ist.

Nun haben wir uns an diese Entwicklung gewöhnt. Das Trommelfeuer der einschlägigen Literatur und Presse hat den Rest des Rechtsempfindens erschlagen. Ich weiß es aus sehr vielen Gesprächen, daß nicht nur Jugendliche, sondern auch Ältere nicht mehr zwischen Recht und Unrecht unterscheiden können.

2. Noch ein anderer Grund erschwert es, Sünde konkret zu erkennen: Wir haben keine verbindlichen Normen mehr, die deutlich erkennen lassen, was Recht und Unrecht ist. Es gibt auch keine Instanz mehr, die uns das verbindlich sagt.

Die Gebote Gottes? Sie hängen alle am ersten Gebot, in dem Gott seinen Herrschaftsanspruch proklamiert: Ich bin der Herr, dein Gott — darum sollst du dieses tun und jenes lassen. Wer diesen Anspruch Gottes als für sich unverbindlich erklärt, der schiebt auch die Gebote zur Seite, sobald sie ihm hinderlich sind. Es ist leider kaum ein Prediger zu finden, der deutlich und mit der nötigen Härte vom Gebot Gottes spricht. Es gibt auch nur noch wenige Menschen, die diese Gebote tatsächlich auswendig wissen.

Die Literatur und das Theater? Es scheint, als ob die Schriftsteller unserer Zeit nichts so sehr fürchten wie die Verdächtigung, mit »Moral« zu tun zu haben. Darum bemühen sie sich mit solchem Eifer, das Gegenteil zu beweisen. Das Theater war früher »moralische Anstalt«. Von der Antike bis zu Schiller sah man auf der Bühne den Guten und den Bösen und ihr Schicksal. Jetzt wird es anders dargestellt, und das Ergebnis ist Verwirrung. Dankbar muß aber angefügt werden, daß es auch auf dem Theater wieder ergreifende Bußpredigten gibt. Wer Max Frischs »Andorra« gesehen oder gelesen hat, müßte den Aufruf verstanden haben.

Was vergangen ist, werden wir nicht erneuern können. Wir suchen darum einen neuen Zugang zur alten Wahrheit auf einem Umweg des Denkens. Wir versuchen, Sünde an ihrer Wirkung zu erkennen. »Ob wir Sünde benennen oder nicht, ob wir es Strafe nennen oder nicht, uns treffen die Folgen unserer eigenen Fehler« (Paul Tillich: Religiöse Reden).

Heinz Zahrnt stellt in seinem Buch »Gott kann nicht sterben« dazu fest: »Gott straft nicht so, daß er sich bestimmte Maßnahmen ausdenkt, von denen sich hoffen läßt, daß der Mensch sie fühlt ... Vielmehr ergibt sich die Strafe in geschichtlicher Entwicklung als notwendige Konsequenz der Schuld. Sie besteht im Grunde nur darin, daß Gott den Menschen auf dem Boden der von ihm selbst geschaffenen Tatsachen weiterexistieren läßt und ihn so den Wirkungen seines eigenen Frevels ausliefert. Er zieht sich von dem Menschen zurück und überläßt ihn den Konsequenzen seines Tuns. ›Gott hat ihn dahingegeben‹ — mit diesem Wort aus dem Römer-Brief ist im Grunde das ganze Geheimnis des göttlichen Gerichts umschrieben. So liegt die Strafe schon im Frevel eingeschlossen; im Zuge unseres Lebens oder in der Geschichte entfaltet sich nur, was von Anfang an verborgen da ist.«

Dazu vier Feststellungen:

1. Die Gebote Gottes sollen unser Leben vor Verwahrlosung bewahren und gesellschaftliches Leben möglich machen.

2. Gebote Gottes sind unabhängig vom Wandel der Verhältnisse und vom Glauben oder Unglauben der Menschen. Sie sind nicht manipulierbar.

3. Unser grundsätzliches Ja oder Nein zu Gott wird konkret in unserem praktischen Umgang mit seinen Geboten. Wir haben als Menschen die Freiheit, sie zu übertreten.

4. Unser Verhalten gegenüber den Geboten Gottes hat Folgen für unsere Lebensform und unsere Gemeinschaftsfähigkeit. Die Konsequenz falscher Entscheidungen ist der Zerfall der Person und die wachsende Unfähigkeit zum gemeinsamen Leben. Diese Folgen geschehen zwangsläufig.

7. Hilfen zur Sündenerkenntnis

Unsere letzten Überlegungen waren nicht einfach, weil sie uns unmittelbar angehen. Wir sagten, daß Gott uns sein ordnendes Gebot gegeben hat, um das Leben des Einzelnen und das Zusammenleben zu ermöglichen. Das ist also kein Willkürakt, sondern eine fürsorgliche Maßnahme zur Erhaltung des Lebens.

Wir haben als Menschen die Freiheit der Entscheidung gegenüber dem Gebot Gottes. Wir können es halten oder übertreten. Wenn wir im Raum des erhaltenden und ordnenden

Gebotes bleiben, wird unser Leben freier und stärker, und wir können in vernünftiger Weise mit anderen zusammenleben. Wenn wir das Gebot mißachten, treten Störungen an der Person und ihrer Gemeinschaftsfähigkeit ein. Das ist eine harte Konsequenz. Aber wir haben es dabei mit Gott zu tun.

Wenn es richtig ist, daß Mißachtung des Gebotes Gottes Konsequenzen hat, dann müßte man das feststellen können. Das ist unsere nächste Aufgabe. Wir kommen bei dieser Überlegung durch die Feststellung der Schäden zur Erkenntnis der Sünden. Dabei benutzen wir nicht die Zehn Gebote als Maßstäbe, sondern konzentrieren die Untersuchung auf vier Punkte, die der Bergpredigt entnommen sind: Ehrlichkeit, Ordnung des geschlechtlichen Lebens, Selbstlosigkeit und Liebe. Das sind keine Forderungen, die wir aufstellen: So mußt du leben! Diese Forderungen müßten sofort neue Diskussionen auslösen, ob und wieweit das überhaupt möglich ist. Wir reden von Maßstäben. Sie sind zum Messen da. Daß ein Maßstab eine feste, also nicht relative Größe ist, braucht wohl nicht betont zu werden.

Der erste Maßstab: unbedingte Ehrlichkeit

Zu ermitteln wäre, welche Schäden entstehen, wenn unser Leben diesem Maßstab nicht entspricht:

Wir kennen den Hang, uns selber etwas vorzumachen. Es ist nicht bequem, sich so zu sehen, wie man ist. Also lassen wir gern bestimmte Teile unseres Wesens im Nebel und tun so, als ob sie nicht da wären.

Noch wichtiger erscheint es uns, daß die Umwelt uns so sieht, wie wir gern gesehen werden möchten. Das ist sehr verständlich. Darum tragen wir Masken, die sorgfältig geformt und gepflegt werden. Es gehört zum gesellschaftlichen Übereinkommen, daß jeder die Maske des anderen stillschweigend anerkennt und sich nicht etwa bemüht, den dahinter versteckten Menschen zu erkennen. Auch dieses Spiel hat also seine

Regeln. Wir empfinden es sogar als ausgesprochen peinlich, wenn ein Mitspieler des großen Theaters seine Maske nicht geschickt handhabt und plötzlich aus der vorgeschriebenen Rolle fällt.

Wo liegt der Schaden? Man könnte sagen, das sei Privatsache, wie ein Mensch seine Maske formt und in welcher Rolle er auftritt. Aber er zerstört dabei sein Wesen. Pascal, wahrlich kein moderner Analytiker, schrieb: »Wir bemühen uns um die Erhaltung und Ausgestaltung einer Fiktion und lassen dabei unser wahres Wesen verkümmern!« Maskentragen ist sehr anstrengend, wie ja jede Lüge und ihre Aufrechterhaltung eine mühsame Sache ist. Es wird unsinnig viel seelische Kraft dabei verbraucht, die auf anderen Gebieten fehlt. Sind wir darum so überanstrengt? Die eigentlich zerstörende Wirkung der Maske, des dauernden mühsamen Theaters vor sich und der Umwelt liegt darin, daß wir mit uns selbst uneins werden und schließlich selber nicht mehr wissen, wer wir sind. Wir glauben unsere eigene Lebenslüge, und keiner kann sie uns dann mehr ausreden. So entstehen die seriösen, ehrbaren, sogar frommen Leute, die ein unerschütterlich gutes Gewissen haben — nur die Umwelt erkennt die Verlogenheit ihres Lebens und ist entsetzt über soviel Heuchelei.

Zwischen Maskenträgern gibt es außer den durch die Rolle vorgeschriebenen konventionellen Reden keine menschliche Gemeinschaft. Da klagen unsere Fachleute über die allgemeinen Kontaktschwierigkeiten und über die Unfähigkeit zu menschlichen Begegnungen. Eine der tiefsten Wurzeln dafür liegt in der Unwahrhaftigkeit. Sie zerstört die Einheit der Person und gleichzeitig die Beziehungen zur Umwelt.

Unbedingte Ehrlichkkeit in der Ehe? Es gibt Leute, die ein bißchen Lüge und Theater in der Ehe für nützlich und barmherzig halten — wir sind allgemein sehr eilfertig, unsere Schwächen als Tugenden auszugeben. Aber was geschieht bei der klug dosierten ehelichen Unwahrheit? Den Mann oder die Frau möchte ich kennenlernen, die nicht merken, daß der Partner lügt. In der Ehe ist das Maskentragen noch viel mühsamer als draußen, man ist sich sehr viel näher, es gibt viel mehr Gelegenheiten, aus der Rolle zu fallen. Ist erst einmal das unbedingte Vertrauen zur Wahrhaftigkeit des Partners erschüttert, dann ist praktisch die Ehe in ihrem Fundament gebrochen. Dann liegt man gegenseitig auf der Lauer und beobachtet einander. Selbst wenn nur jede hundertste Aussage gelogen ist, müssen doch alle hundert überprüft werden und sind dadurch grundsätzlich entwertet. Es ist schrecklich: man kann nicht klug dosiert lügen! Wir sind entweder wahrhaftig und trauen das auch dem Partner zu, oder wir sind verlogen und haben damit die Vertrauensbasis der Ehe zerstört. Die Entscheidung liegt in unserer Hand, aber die Folgen des falschen Verhaltens können wir nicht abwehren.

Unbedingte Ehrlichkeit in der Familie? Die meisten Eltern wissen, daß sie das Vertrauen der heranwachsenden Kinder verloren haben. Das Urteil ist schnell fertig: Die heutige Jugend ist so schlecht! Das Lied geht dann weiter: In unserer Jugend ... Wahrscheinlich hat Adam das seinen Enkeln auch schon gesagt, und es hat damals so wenig gestimmt wie heute. Sicher ist, daß das Verhältnis Eltern—Kinder vielfach gestört, oft völlig zerstört ist.

Wo mag die Wurzel liegen? Ich bin erstaunt, mit welcher Selbstverständlichkeit Eltern von ihren Kindern Vertrauen fordern, ohne sich jemals zu fragen, ob sie denn vertrauenswürdig seien. Wir können von unseren Kindern fordern, daß ihr Verhalten sich in bestimmten Grenzen bewegt, die wir ihnen setzen, wenn wir den Mut dazu haben (die Voraussetzung ist, daß wir selber die gleichen Grenzen respektieren). Aber wir können kein Vertrauen fordern. Die natürliche Grundlage des Vertrauens wird gestört und schließlich zerbrochen, wenn das Kind erlebt, daß Vater und Mutter lügen. Wir sollten darin unsere Kinder nicht für dümmer halten, als sie sind. Sie sehen uns sehr deutlich, unbarmherzig deutlich! Sie beobachten besser, als wir es meinen. Ich denke noch mit Vergnügen und leichtem Schreck daran, wie sich vor vielen Jahren ein Weihnachtsmann bei uns blamierte. Er kam ohne Verabredung, ich konnte nicht herausfinden, wer in der martialischen Figur steckte und fürchtete, er habe die Kinder zu sehr erschreckt. Aber dann sagte der eine Knirps plötzlich ganz sachlich und ernsthaft: »Onkel Classen, da am Ohr mußt du den Bart rüberziehen, da guckst du raus!« Sie sehen es, wo wir herausgucken.

Wenn Eltern nicht ehrlich sind, warum sollen es die Kinder sein? Ohne Wahrhaftigkeit gibt es kein Vertrauen. Wenn wir durch eigene Unehrlichkeit, durch unser »So tun als ob«, durch den greifbaren Unterschied zwischen unseren frommen Theorien und der recht unfrommen Praxis die Grundlage der Familie zerstören, ist das nicht ein erschreckend hoher Preis für unser falsches Verhalten? Die Kinder machen es uns in allen Dingen nach.

Unbedingte Ehrlichkeit in der Schule? Wenn ich richtig unterrichtet bin, dann gehört das Mogeln heute mehr denn je zur Tagesordnung, es versteht sich von selbst. Einige Lehrer ziehen es vor, das nicht zu wissen, vielleicht täuschen sie sich wirklich. Ein ehrlicher Mann, Direktor einer großen Oberschule, sagte mir einmal folgendes: »Die Kinder sind durch die Lehrpläne überfordert und befinden sich der Schule gegenüber in Notwehr. Wenn wir von ihnen fordern, daß sie ehrlich arbeiten, dann berauben wir sie ihres einzigen Kampfmittels. Das wäre nicht fair.« Ich konnte nur noch sagen, daß diese Kinder als Erwachsene immer vor Forderungen des Berufes, der Gesellschaft und schließlich des Staates (Steuern!) stehen werden. Man müßte also folgerichtig jedermann das Notwehrrecht zugestehen und die Lüge als allgemeines Kampfmittel legitimieren. Dann befindet sich jeder gegen jeden in Notwehr. Den Zusammenhang von Fehlhaltung und Zerstörung brauche ich hier nicht besonders zu beweisen.

Unbedingte Ehrlichkeit in der Wirtschaft? Ich kann etwa abschätzen, was möglich ist. Aber es geht hier nicht um die Frage, ob man in der Wirtschaft ehrlich handeln kann, sondern darum, ob das Gegenteil funktioniert. Dem Anschein nach, ja! Wir haben einen großen wirtschaftlichen Aufschwung erlebt, von dem kein Mensch sagen kann, daß er durch übertriebene Ehrlichkeit gekennzeichnet sei. Aber man braucht nur genauer hinzusehen, um die Zerstörungen zu erkennen, die durch bedenkenlose Unwahrhaftigkeit entstanden sind. Viele unserer besten Männer sterben zwischen 50 und 60 Jahren, also in einer Zeit, in der die reifsten Früchte ihrer Lebensarbeit noch zu erwarten sind. Sie sterben an merkwürdigen Verbrauchserscheinungen, die man darum nicht gut »Manager-Krankheit« nennen kann, weil sie bei Arbeitern auch zu beobachten sind. Haben sie sich totgearbeitet? Arbeiten wir wirklich soviel mehr als unsere Vorväter? Darüber werden kluge Bücher geschrieben. Ich meine, daß man nicht an der Überfülle von Arbeit zugrunde geht, sondern an der Konflikt-Situation, in der sie getan wird. Die Ursachen sind vielfältig. Eine nicht unwesentliche Ursache ist die dauernde Spannung, die durch die menschliche und sachliche Unzuverlässigkeit hervorgerufen wird. Man traut keinem Menschen ganz, man kann nie wissen, ob das Ja einer Abmachung wirklich ein Ja oder ein Vielleicht oder ein verzögertes Nein heißt. Und Termine sind ein besonderes Kapitel! Wenn das so ist, wenn Unwahrhaftigkeit eine Spannung erzeugt, in der wir uns zerreiben und die uns die besten Pferde des Stalles kostet, dann kann ich nur sagen, daß Lüge dumm und unrationell und unwirtschaftlich, also auf die Dauer zu teuer ist. Aber schließlich machen wir uns das selber!

So können wir vom persönlichen Bereich bis weit in das öffentliche Leben, in Politik und Weltpolitik die gleichen Untersuchungen anstellen und werden zu sehr ähnlichen Ergebnissen kommen: Lüge in jeder Form zerstört, früher oder später.

Der zweite Maßstab: Ordnung des geschlechtlichen Lebens

Zunächst ist zuzugeben, daß dies ein unmoderner und auch mißverständlicher Begriff ist, über den man sich heftig streiten kann. Uns geht es aber nicht um Forderungen, sondern um eine Überlegung über den Zusammenhang zwischen dem geschlechtlichen Verhalten und dem Lebenszustand des Einzelnen und der Gemeinschaft.

Das geschlechtliche Verhalten muß an der Ehe orientiert werden. Gott hat es für nötig gehalten, die Ehe durch ein besonderes Gebot zu schützen. Ehe ist niemals eine nur private Einrichtung gewesen, deren Gestaltung der Willkür des Einzelnen übergeben war. Die Gesellschaft war zu allen Zeiten, und ist auch heute noch, auf das höchste an der Erhaltung der Ehe interessiert. Das geschlechtliche Verhalten ist also nicht unwichtig, sondern es steht unter dem Urteil, ob es die vom Gebot Gottes geschützte spätere Ehe fördert oder belastet.

Es ist schon ein Zeichen von Unordnung, wenn ein Gebiet des Lebens so übergewichtig und beherrschend wird wie das, was man heute Sexualität nennt. Wenn man die Anzeigen der Filme, die Überfülle der Illustrierten, der Magazine und sonstigen Presseerzeugnisse sieht, dann könnte man meinen, daß der Mensch nur noch Geschlechtswesen sei und daß Glück und Unglück, ja Sinn oder Sinnlosigkeit seines Lebens davon abhinge, ob dieser Trieb gebührend befriedigt wird. Gibt es eigentlich einen neueren guten Eheroman? Fast immer sind es Ehebruchgeschichten, und das Fatale ist, daß der treue Ehemann als Schafskopf und der Ehebrecher als Mann von Welt geschildert wird. Ein junger Mann, der mit der geschlechtlichen Vereinigung bis zu seiner Ehe warten möchte und das unter Kameraden ausspricht, wird wahrscheinlich schallendes Gelächter ernten. Ist das wirklich so komisch?

Wir wollen darauf achten, daß wir nicht moralisieren. Hier geht es um so weitreichende Zerstörungen, daß der erhobene Zeigefinger nicht helfen kann. Es hat auch keinen Sinn, statistische Erhebungen über die geheime und öffentliche Prostitution oder über die sprunghaft wachsende Zahl und Zusammensetzung der Geschlechtskrankheiten zu zitieren. Eine Zahl hat mich allerdings beeindruckt: Man schätzt das Verhältnis der geborenen zu den durch Abtreibung verhinderten Kindern trotz der Absicherung durch die »Pille« auch heute noch auf eins zu eins! Hier gibt es keine Statistiken. Aber wenn die

Schätzung einigermaßen stimmt, dann geschehen mitten unter uns, in allen Schichten und Kreisen, täglich Tausende von Morden an ungeborenen Kindern. Das kann nicht gutgehen. Weder der Einzelne noch das Volk kann das ertragen. Es ist schlechterdings nicht vorstellbar, daß es einen Gott gibt, der Menschen schafft, ihnen eine Ordnung und zugleich die Freiheit der Entscheidung gibt und der dann zuläßt, daß man mit seinen Geboten Schindluder treibt und obendrein glücklich wird. Das gibt es nicht. Wer offene Augen hat, kann in den Gesichtern junger Frauen das nackte Unglück sehen.

Die falsche Entwicklung beginnt meist schon im frühen Kindesalter. Wenn die erste Frage des Kindes, wo denn das Brüderchen hergekommen sei, falsch oder ausweichend beantwortet, vielleicht sogar zornig abgewiesen wird, dann wird eine Weiche falsch gestellt. Das Kind, dem die Eltern die richtige Antwort verweigern, bezieht seine Auskünfte nun von der Straße, und sie sind wie alles, was von der Straße kommt, dunkel, schmutzig, ja gemein. Ein ganzes Lebensgebiet wird auf diese Weise falsch geschaltet. Die Tatsache, daß wir als Männer und Frauen geschaffen sind, daß wir in einer ehelichen Gemeinschaft leben und Kinder zeugen sollen, alles das ist uns als schönes, helles Geschenk Gottes zu unserer Freude und zu unserem Glück mitgegeben und wird nun auf ein Gleis geschoben, auf dem es dunkel, geheimnisvoll und schließlich böse wird. So wie wir es empfangen haben und leben, so geben wir es weiter. Weil unsere Vorväter über dieses Gebiet nicht hell, frei und natürlich dachten, darum konnten sie es auch nicht besser sagen. Und wir überliefern unseren Kindern meist auch nur ein Abbild unserer Hilflosigkeit und Unklarheit. Nun sind wir entsetzt, weil die jungen Leute den Bannkreis der dunklen Verschwiegenheit durchbrechen und aus dem zwielichtigen Geheimnis eine nüchterne Sache machen, über die man ungeniert reden kann.

Man muß offen reden können! Man muß zum Beispiel reden können über die Schäden, die durch die Selbstbefriedigung (fälschlich Onanie genannt) entstehen. Früher wurde auch diese Frage mit Schweigen zugedeckt und durch dunkle Warnungen nur noch geheimnisvoller. Heute tut man so, als sei der Vorgang ganz unwichtig. Da fast alle jungen Männer und sehr viele junge Mädchen zeitweise mit Selbstbefriedigung zu tun haben, kann das doch nicht falsch sein. Man solle das also als unwichtig behandeln und den Dingen ihren Lauf lassen.

Richtig ist, daß die ganze Frage in gewissen Traktätchen häufig dramatisiert und falsch gesehen wurde. Wir wollen hier pragmatisch reden, also sehr nüchtern und sachlich den tatsächlichen Schaden zeigen. Physisch ist dieser Schaden nicht so groß, wie das die dunklen Warnungen meinen. Aber das seelische Gleichgewicht wird gestört. Statt des gesunden Selbstwertgefühls entsteht leicht ein Gefühl von Minderwertigkeit, das dazu anreizt, nach außen eine betont großartige und männliche Haltung zu zeigen. Man sollte auch nicht verschweigen, daß die Selbstbefriedigung heute in vielen Fällen zur Sucht wird, die in der Ehe nicht von selbst aufhört. Da genügt die harmlose Betrachtung nicht.

Am gefährlichsten empfinde ich, daß bei der Selbstbefriedigung in sehr jungen Jahren der Sexus in falsche Richtung gebracht wird. Er wird aus der Ich-Du-Beziehung, in die er einmal gehören soll, vorzeitig herausgelöst und auf die eigene Person bezogen. Auf diese Weise wird die Ichbezogenheit und die Einsamkeit des jungen Menschen verfestigt. Er kann nun weder auf Gott noch auf andere Partner hin frei leben. Hier entsteht und erstarrt die auf sich selbst bezogene Haltung, die Luther »incurvatus in se« nannte. Der »in sich selbst gekrümmte Mensch« hat nach außen hin kein Gesicht. Sein Gesicht bleibt verborgen und wird nach außen dargestellt durch eine Maske. Sein Umgang mit anderen Menschen ist darum maskenhaft und unwahr.

Man sage uns bitte nicht, daß die Christen an dieser Entwicklung schuld seien, weil wir durch unsere »alte Moral« die Gewissen belastet und solche Folgen künstlich hervorgerufen hätten. Inzwischen sind junge Heiden in großer Zahl herangewachsen, die trotz ihrer schönen »neuen Moral« unter den gleichen Folgen leiden.

Auch über dem Problem des vorehelichen Geschlechtsverkehrs lag früher das dunkle Geheimnis. Jetzt liegt das Feld offen. Vorehelicher Geschlechtsverkehr erfreut sich allgemeiner Duldung. Vielleicht wird noch vorsichtig gewarnt: Daß nur nichts passiert!

Sexus ist eine reine Privatsache geworden. Man lehnt jede ordnende Norm ab und beruft sich auf die persönliche Freiheit. Aber das ist weder menschengerecht noch sachgerecht. Sexus als isolierte, aus der Ganzheit der Person ausgewanderte Kraft kann seine eigentliche Aufgabe nicht mehr erfüllen: die Gemeinschaft zweier Menschen auf Dauer zu gründen und glücklich zu machen. Die Ehe verkümmert also, sie denaturiert und wird ihrer natürlichen Werte und Gehalte beraubt, wenn sie zur privaten Geschlechtsgemeinschaft verengt.

Unsere Wirtschaft hat uns zu Konsumenten erzogen. Wir konsumieren Wirtschaftsgüter und Dienstleistungen und alles, was Zivilisation und Kultur überreich anbieten. Das Konsumieren ist zu einer Lebenshaltung geworden. In ähnlicher Weise konsumiert man heute »Liebe«, also geschlechtliche Erlebnisse. Der junge Mann sucht in dieser Haltung nicht das Mädchen als Person, sondern nur den Geschlechtspartner. Wer gewöhnt ist, wahllos Sexus zu konsumieren, wird unfähig zur Liebe und damit auch zur Ehe. Liebe meint den Partner als Person, und diese Liebe muß langsam und mit Einsatz aller Kräfte aufgebaut werden. Ehe ist wirklich mehr als ungehinderter Konsum von Sexus. Wenn »Liebe« zu einem biologischen Vorgang verengt ist, dann besteht die ernsthafte Gefahr, daß die personale Beziehung von Mann und Frau überhaupt nicht mehr aufgebaut werden kann. Es gibt mehr als genug junge Menschen, die zahlreiche Erfahrungen in geschlechtlicher Betätigung haben, aber völlig unfähig zur Liebe geworden sind. Wer da meinte, durch zahlreichen Konsum von geschlechtlichen Erlebnissen Erfahrungen für die spätere Ehe sammeln zu können, der ist auf dem Holzwege. Die Ehe kann man so wenig ausprobieren wie das Geborenwerden oder Sterben.

Es mutet fast grotesk an, ist aber im Grunde nur folgerichtig, wenn die Ärzte davon berichten, daß in der überwiegenden Mehrzahl aller Ehen die geschlechtlichen Beziehungen auch heute noch nicht funktionieren. Ausgerechnet das Gebiet, auf dem wir so frei, so informiert und so erfahren sein wollten! Ich habe in zahlreichen Unterredungen mit Männern aus allen Kreisen eine geradezu sträfliche Unkenntnis der einfachsten psychischen und physischen Vorgänge festgestellt, die sich immer zu Lasten der Frauen auswirkt. Dazu kommt nun das Unvermögen, offen miteinander zu sprechen. Das tut man ja nicht! Die Folge ist Entfremdung, Bitterkeit und vielfache Krankheit. Nein, es lohnt sich nicht, außerhalb der Ordnung zu leben. Der Schaden ist zu groß. Am bittersten ist es, daß wir nicht einmal andere Menschen oder die Verhältnisse verantwortlich machen können, denn: »Solches alles tust du dir selber!«

Der dritte Maßstab: unbedingte Selbstlosigkeit

Wir brauchen nicht die Argumente aufzuzählen, die uns beweisen wollen, daß man gar nicht selbstlos leben kann. Diese Argumente laufen meist auf eine Verwechslung mit unbedingter Gutmütigkeit oder mit absoluter Dummheit hinaus. Das ist ja nicht gemeint. Es geht auch nicht um ein Gesetz, das den Menschen in seiner Entwicklung und Seinsform einengen und bedrücken und schließlich entpersönlichen soll. Die Tatsache, daß uns Jesus die völlige Selbstlosigkeit vorgelebt hat, sagt genug darüber aus, daß es sich überhaupt nicht um Fragen des Gesetzes, sondern des freien Lebens handelt. Er war der freieste Mensch. Was er sagte, führt zur Freiheit.

Selbstlosigkeit meint genau das, was es sagt: von sich selbst los sein. Das Gegenteil ist, an sich selbst gebunden zu sein bis zur Sklaverei der Selbstsucht. Der selbstsüchtige Mensch ist der denkbar unfreieste Mensch. Er ist praktisch lebensunfähig. Die tödliche Selbstsucht sucht sich ihre verschiedenen Betätigungsformen. Das brauchen nicht nur die bekannten Süchte in Form von Zigarette, Alkohol oder Rauschgiften, es kann das ganze Gebiet des geschlechtlichen Lebens und noch viel mehr sein. Selbstsüchtige Menschen sollten nicht von Freiheit reden. Das wirkt etwa so, wie wenn ein kahlköpfiger Frisör ein unfehlbares Haarwuchsmittel anpreist.

Ich habe oft darüber nachgedacht, warum viele Menschen heute tatsächlich lebensunfähig sind und damit auch unfähig, die uns aufgegebenen Probleme des gemeinsamen Lebens in Ehe, Wirtschaft und Politik zu lösen. Eine der Ursachen liegt in der Selbstsucht. Ein Kind ist naturhaft auf sich bezogen und tastet sich von hier aus in die Umwelt vor. Die Entwicklung bringt in einer wichtigen Stufe die Hinwendung zum Du, meist zum jungen Menschen des anderen Geschlechtes. Diese Hinwendung vollendet sich in der Hingabe an den Partner der Ehe. In der Ehe geschieht die Loslösung vom Selbst in der immer neuen Zuwendung zum Du. Daran reifen wir.

Nun ist die Praxis meist so, daß schon die erste Zuwendung eines jungen Menschen zum anderen nicht schenkend, sondern egoistisch fordernd wird. Damit ist die Ordnung auf den Kopf gestellt. Der junge Mensch reift nicht zur Selbstlosigkeit heran, sondern er benutzt in der gängigen Form der »Liebe« den Partner zur Befriedigung seiner eigenen Selbstsucht. So werden auch viele Ehen geschlossen. Die beiderseitigen Forderungen verhindern nicht nur das Wachsen einer echten Ehe, sondern auch das Reifen des ganzen Menschen. Wer sich nicht aus vollem Herzen anderen Menschen zuwenden kann, ist auf einer kindlichen Entwicklungsstufe steckengeblieben. Er kann alt geworden sein, aber er ist nicht reif. Er mag klug sein, aber er wird nicht weise. Er kann ein tüchtiger Organisator sein, aber er versagt vor den großen Lebensfragen. Er kann ein großer Manager sein, ist aber kontaktunfähig und darum einsam. Seine Frau weiß das, und die Kinder spüren es genau.

Hat nicht auch die fast panische Furcht des modernen Menschen vor dem Alter hier eine Wurzel? Alter ohne Reife ist schrecklich. Da man Reife nicht erzwingen kann, versucht man das Altern gewaltsam aufzuhalten und macht Jugendlichkeit zu einem Lebensziel. Damit erreicht man peinliche Karikaturen. Ein Baum in der Blütenpracht des Frühlings ist schön. Ein im September blühender Apfelbaum ist ein Monstrum. Um diese Zeit soll er Frucht tragen, und das ist seine herbstliche Schönheit.

Es gibt unverheiratete Frauen mit einer wunderbaren mütterlichen Reife und Schönheit, und ich kenne Mütter von mehreren Kindern, die erschreckend altjüngferlich geblieben sind. Die Lösung des Rätsels liegt bei der Frage der Selbstlosigkeit oder Selbstsucht.

Das Ende der Selbstsucht ist Krankheit. Man kann sich nicht endlos um sich selbst drehen, ohne ernsthaften Schaden zu nehmen. Kein Mensch kann auf die Dauer ungestraft gegen Gottes Ordnung leben! Mir fiel einmal mit Erschrecken ein, daß wir uns nicht im Kreise um uns selbst drehen, sondern in einer nach innen verlaufenden Spirale. Die Kreise werden immer kleiner. Einmal ist der Punkt erreicht, an dem wir festgefahren sind. Von daher verstehe ich es, wenn Luther das »incurvatus in se« das »Insichselbst-gekrümmt-sein« als Ursünde des Menschen bezeichnet.

Es ist wichtig, daß wir auch bei diesem Maßstab keine Forderungen herauslesen. Wir überlegen fortgesetzt, welche feststellbaren Folgen die Mißachtung der Ordnung Gottes hat. Bei der Selbstsucht ist der Schaden erschreckend. Wer es gewöhnt ist, sich selber zum Mittelpunkt seines Denkens und Lebens zu machen, erstickt schließlich in der eigenen Enge. Er wollte das Leben an sich reißen und hat es dadurch verloren und verdorben. Das Ende ist Einsamkeit und Verbitterung.

Für den persönlichen Bereich ist das einzusehen. Gilt das auch für Wirtschaft und Politik? Wie sieht es aus, wenn Egoismus das Handeln bestimmt? Die Wirtschaft ist kein Wohltätigkeitsinstitut, das ist richtig. Sie ist bestimmt durch Konkurrenzkampf und Wettbewerb. Aber auch hier gilt, daß egoistisches Denken dummes Denken und also unwirtschaftlich ist. In Wirtschaft und Politik brauchen wir Menschen mit freiem, weitem Blick. Selbstsucht verengt den Blick und lähmt das weite Denken, weil alles auf den sofortigen eigenen Vorteil ausgerichtet ist. So entsteht der engherzige Krämer, der schweren Schaden anrichten kann, wenn er in eine gehobene Position geraten ist. Wie selbstsüchtige Engstirnigkeit in der Politik aussieht, braucht nicht ausgeführt zu werden. Die Wahlreden sind von einer kaum tragbaren Peinlichkeit. Wir sind zur Zeit nicht in der Lage, die drängenden Probleme der Welt auch nur anzugreifen, weil jeder Schritt durch nationalstaatlichen Egoismus verriegelt ist. Die Einigung Europas ist diesem Egoismus zum Opfer gefallen. Wenn die ungelösten Probleme einer großen Katastrophe zutreiben, dann ist allein die Selbstsucht der Völker die Ursache. Ein teurer Preis.

Es gibt zwei Kennzeichen, an denen wir unsere Selbstsucht richtiger sehen können.

1. Den Ärger. Wer sich schnell und hingebungsvoll ärgert, der weiß noch nicht viel von Selbstlosigkeit. Ärger ist meist die Folge unerfüllter Forderungen, die wir an unsere Umwelt stellen. Für Ärger bin ich selbst verantwortlich: »Ich ärgere mich!« Der selbstlose Mensch ist dagegen sachlich und sehr viel weniger verletzbar als der selbstsüchtige, der alles auf sich persönlich beziehen muß.

2. Das Selbstmitleid. Es erschwert uns das Leben und ist für die Umwelt unerträglich. »Selbstmitleid zählt zu den verderblichsten Narkotika. Es macht süchtig, verschafft flüchtige Freuden und entfremdet das Opfer der Wirklichkeit.«

John W. Gardner.

Der vierte Maßstab: unbedingte Liebe

Wir denken über die Behauptung nach, daß eine Mißachtung der Gebote Gottes Schaden an der Person und an der Gemeinschaft zur Folge hat. Was bedeutet das am Meßpunkt der unbedingten Liebe?

Zunächst müßten wir klären, was wir unter Liebe verstehen. Man redet heute bis zum Überdruß von Liebe. Eine ganze

Industrie hat sich dieses Themas bemächtigt und verdient viel Geld daran. Aus allen Lautsprechern, aus den Illustrierten und der einschlägigen Literatur mit und ohne Bildern springt uns das Thema Liebe an, meist in der zeitgemäßen Form des Sexus. Das ist nicht gemeint!

Liebe ist aber auch nicht Sentimentalität und weiches, gutmütiges Gefühl. Liebe fragt nicht nach dem, was der andere gern möchte, sondern nach dem, was er wirklich braucht. Sentimentalität will möglichst alle Menschen zufriedenstellen und alle ihre Wünsche erfüllen (vielleicht, um dann selber Ruhe zu haben). Liebe erkennt die echten Bedürfnisse und hilft dem anderen, sie zu befriedigen. Im Grunde richtet sich Liebe immer auf den Menschen und dann erst auf das, was er braucht.

Liebe ist nicht Sympathie. Wir neigen dazu, die Menschen in sympathische und unsympathische einzuteilen und entsprechend zu behandeln. Es gibt Menschen, die wir auf den ersten Blick gern mögen, und es gibt solche, die wir nicht riechen können. Die Frage ist, was wir mit diesem Tatbestand anfangen, ob wir unser Denken und Handeln davon bestimmen lassen. Sympathie als Liebe zu bezeichnen, ist ein Irrtum. Liebe ist viel mehr. Sie ist vor allem unabhängiger.

Liebe ist kein Tauschartikel. Das klingt zunächst etwas merkwürdig. Wenn wir uns selbst aber besser kennenlernen, werden wir finden, wie oft wir heimlich auf die Gegenliebe hoffen, wenn wir irgendwo Liebe geschenkt haben. Wir sind schnell und gründlich enttäuscht, wenn wir keine gebührende Gegenliebe finden. Im Grunde haben wir dann ein Geschäft abgeschlossen und sind hereingefallen. Wir hatten ein bestimmtes Kapital an »Liebe« in einem Verhältnis zu einem anderen Menschen investiert und hatten es mit Zinsen zurückerwartet. Wieviele Ehen sind an diesem Tauschhandel gescheitert, der wirklich nichts mit Liebe zu tun hat. Liebe ist immer schenkend. Liebe fordert nichts und erwartet nichts. Sie gibt sich selbst.

»Liebe« ist mit vielen großen anderen Worten in der Inflation unserer Zeit entwertet worden. In der griechischen

Sprache gibt es ein Wort für die natürliche Zuneigung zwischen Mann und Frau, Mutter und Kind. Ein anderes Wort kennzeichnet etwa das, was wir unter Freundschaft und Kameradschaft verstehen. Wenn aber das Neue Testament von Liebe redet, dann steht im griechischen Text das Wort Agape. Das ist die Liebe, die von Gott her zu den Menschen kommt und durch uns hindurch zu den anderen strömt. Diese Liebe ist mehr Kraft als Gefühl. Sie wartet nicht auf Gegenliebe und ist unabhängig von den Reaktionen des anderen. Diese Liebe ist eine überwindende Kraft, weil es dagegen keine Abwehr gibt. Gegen Haß kann man stärkeren Haß setzen. Niedertracht und Gemeinheit lassen sich überbieten. Gegen jeden Angriff kann man sich panzern, nur gegen Liebe nicht. Gegen Liebe gibt es keine Waffen, weil sie nicht gegen irgend etwas kämpft, sondern einfach liebt. Selbst ein Stein wird warm, wenn die Sonne ihn bescheint. Wie soll er sich dagegen wehren?

Eine solche Liebe kann nicht gefordert und nicht befohlen werden. Aber wo sie nicht vorhanden ist, wo sie nicht wenigstens in so geringer Menge wirksam ist wie ein Spurenelement, da verödet der Mensch und sein Leben. Unsere Welt geht an Lieblosigkeit und Selbstsucht zugrunde.

Man kann Kinder ausgezeichnet versorgen, aber wenn sie nicht die warmherzige Kraft der unsentimentalen Liebe erfahren, gedeihen sie nicht. Sie sind wie Pflanzen ohne Sonne. Was aus diesen seelisch unterernährten Kindern wird, zeigt heute die Jugendkriminalität. Diese jungen Verbrecher stammen zum großen Teil aus gutsituierten Familien, in denen keine Errungenschaft unserer Zivilisation fehlt — nur die Liebe fehlte. Oft sind es Kinder von rechtschaffenen Eltern. Väter und Mütter sind wohl anständig und gerecht, vielleicht sogar kirchlich, aber ihre Gerechtigkeit ist so, daß man in ihrer Nähe friert.

Ein schrecklicher Gedanke, daß es eine Art von Gerechtigkeit gibt, in deren Nähe andere Menschen frieren und innerlich vereisen. Man kann das in manchen Ehen sehen, wie ein Partner verkümmert, weil der andere großartig, korrekt und selbstgerecht, absolut fehlerfrei und unsagbar tüchtig ist, aber das Heim wirkt wie ein moderner Kühlschrank. Ja, es gibt mehr als genug Ehen, in denen einer den anderen frieren läßt, bis er den Kältetod des Herzens stirbt oder davongeht, um irgendwo ein bißchen Wärme zu finden.

Der Mensch kann sich nicht entfalten, wenn er nicht ein bißchen Liebe empfängt und gibt. Decken Sie ein Beet junger Pflanzen mit Brettern ab. Sie werden sich biegen und verrenken, um durch einen Spalt einen Lichtstrahl zu erhaschen. Dann werden sie gelb und sterben. Das will beachtet sein, wenn wir auf unsere absolut sachliche industrielle Welt so stolz sind. Absolute Sachlichkeit ist eine technische Hilfe. Aber kein Mensch kann auf die Dauer in dieser unterkühlten Atmosphäre leben, wenn sein privates Leben keinen Ausgleich bietet.

Wir gehen aneinander vorbei und sehen durch Menschen hindurch wie durch Luft. Wir sind durch einen gemeinsamen Zweck verbunden, aber menschlich interessiert uns der andere erst, wenn er uns nützen oder schaden kann. Ich denke, das ist das Schlimmste, was wir einem Menschen antun können: ihn nicht mehr als einen Menschen zu sehen. Dann wird er seiner Würde entkleidet, er wird wesenlos. Wir machen ihn zu einem Sandkorn, das im Verkehr mitgeschwemmt wird, oder zu einem Rädchen in der Maschine, zur Zahl in einer großen Rechnung, letzten Endes zu Material. Menschenmaterial! Von daher ist es nur ein kleiner Schritt zur Unterscheidung zwischen wertvollem und wertlosem Menschenmaterial und zur »Ausmerzung unwerten Lebens«.

Der Arbeiter hat sich heute seine Würde als Mensch erkämpft. Er ist mündig geworden und wünscht nicht mehr, patriarchalisch wohlwollend behandelt zu werden. Er ist auch mißtrauisch gegen die sogenannte soziale Fürsorge und gegen die modernen Formen der Menschenbetreuung und Menschenführung. Die Industrie aller Länder hat Milliardenbeträge für diese Bemühungen ausgegeben. Man hat erkannt, daß man zwar die kompliziertesten Probleme der Technik lösen und großartig organisieren und rationalisieren kann, daß aber die menschlichen Beziehungen dadurch nicht erkennbar besser geworden sind. Daß man den Menschen bisher nicht ausreichend eingeplant hat, war nicht böswillig. Bisher hatte man noch keine wesentlichen Schwierigkeiten mit ihm, dafür sorgte auch der »Arbeitsmarkt«. Nun ist die Lage längst anders geworden. Der Arbeiter ist sich seines Wertes bewußt und wehrt sich gegen eine Entwicklung, die ihn in die Gefahr bringt, immer wesenloser zu werden. Die aufgewendeten Milliarden und der Einsatz von viel gutem Willen haben das Problem nicht gelöst. Ein Rezept habe ich auch nicht, aber ich weiß, daß es ohne ein bißchen Liebe von Mensch zu Mensch keine Lösung geben wird.

Wenn unsere Völkerwelt zugrunde gehen sollte, dann wird nicht der Haß, sondern die Lieblosigkeit der Totengräber sein. Das Gegenteil von Liebe ist ja nicht Haß. Der ist sicher eine zerstörende Kraft, die Schreckliches anrichtet. Aber unsere menschlichen und völkischen Beziehungen werden nicht so sehr durch den Haß als durch die Gleichgültigkeit und den Egoismus zerstört. Lieblosigkeit ist viel schlimmer als Haß. Der kann sich erst auswirken in der Atmosphäre einer millionenfachen Lieblosigkeit. Selbstsucht und Lieblosigkeit steuern die Unvernunft, die uns heute an den Rand der Katastrophe gebracht hat.

8. Der unbestechliche Spiegel

Wir haben eine Untersuchung über die Wurzel des menschlichen Verfalls, über die Spaltung der Person, über die Desintegration angestellt. Von welcher Seite wir es auch sehen, immer stoßen wir auf die Erkenntnis, die im Alten Testament kurz und bündig heißt: Die Sünde ist der Leute Verderben! Damit ist nicht gemeint, daß die Menschheit nur noch aus Verbrechern besteht. Das Verderben liegt darin, daß wir lebensunfähig werden, daß wir unfähig werden, die anstehenden Probleme vernünftig zu lösen.

Nach der geglückten Mondlandung schrieb die New York Times: »Der Mensch ist jetzt fähig, den um ihn liegenden Raum zu beherrschen. Er ist fähig, neue Welten zu erobern, aber er ist unfähig, in Frieden auf dieser einen zu leben. Er ist fähig, Wunder der Wissenschaft zu vollbringen. Aber er ist unfähig, alle Mitmenschen mit einem Heim, mit Kleidung und Nahrung ausreichend zu versorgen.«

Es wäre billig, jetzt an die Regierungen der Völker zu denken und ihnen die Verantwortung zu überlassen. Unvernunft und Unfähigkeit zum Leben sind eine Weltfrage, aber die Menschheit besteht aus vielen Menschen, und wenn es ein neues Leben gibt, muß es bei mir beginnen. Wer große Probleme lösen will und dabei seine eigene Seinsform, seine Ehe und seine Familie großzügig überspringt, ist ein Fantast.

Wir haben von Maßstäben geredet, um nun uns und unser Leben zu messen. Wie kann das geschehen?

Zur Abschirmung sei noch gesagt, daß Selbsterkenntnis nicht leicht ist. Der alte Goethe sagte einmal: »Gott bewahre mich davor, mich jemals selbst kennenzulernen.« Es gibt kluge Leute, die Selbsterkenntnis für unmöglich halten; sie kann, soll und darf nicht sein. Das hat gewichtige Gründe. Unkenntnis über sich selbst kann ein Schutz vor sich selbst sein. Darum schafft der Mensch sich gern ein korrigiertes Bild von sich selbst, das ihn wie ein gutgeschneiderter Anzug umgibt, bei dem alle Mängel des Körpers durch entsprechende Polster ausgeglichen sind. Damit erleichtert man sich das Leben ungemein. Aber im Grunde ist diese Art der Unkenntnis doch nur ein Narrenparadies künstlicher Unschuld.

Ich meine nicht, daß man Menschen dazu bringen soll, in sich herumzubohren. Aber wer daran interessiert ist, ein neues Leben zu gewinnen, oder wer auf dem Wege steckengeblieben ist und nun weiterkommen möchte, dem kann ich raten, folgenden Versuch zu machen:

Schaffen Sie sich eine Stunde Zeit und einen stillen Raum, in dem Sie niemand stört. Schreiben Sie auf ein großes Blatt Papier die Maßstäbe der unbedingten Wahrhaftigkeit, Reinheit, Selbstlosigkeit und Liebe. Dann reden Sie Gott an und bitten ihn, er möge ihnen zeigen, wo Ihr Leben diesen Maßstäben nicht entspricht. Was Ihnen dann im schweigenden Nachdenken einfällt, das schreiben Sie ohne Zögern auf.

Das klingt alles sehr einfach und ist es auch. Dieser Versuch ist schon alt, und er hat vielen Menschen geholfen. Er hat eigentlich nur eine Voraussetzung: den Mut zur Ehrlichkeit. Es ist nicht nötig, daß man sich vorher die richtigen Anschauungen über Gott aneignet. Gott lernt man später auf dem Wege des Gehorsams kennen.

Was kann bei diesem Versuch geschehen? Es kann sein, daß ein Lichtstrahl in das dunkle Durcheinander des Lebens fällt, der auch den Nebel der Vergangenheit zerteilt und einige Punkte scharf anleuchtet. Sie mögen lange zurückliegen, vielleicht schon vergessen gewesen sein. Jetzt stehen sie plötzlich vor uns: diese Lüge damals, jener Betrug, eine verborgene geschlechtliche Verfehlung, vielleicht der Name eines Menschen, an den uns eine Schuld bindet — es kann viel oder wenig sein, aber wir sollten nicht davor zurückscheuen, es festzuhalten und aufzuschreiben. Manches wissen wir ohnehin, wir brauchen nur die Augen zu schließen, dann steht es vor uns. Manches haben wir in der Erinnerung so zurechtgebogen, daß es vor uns selbst entschuldigt ist. Aber jetzt im schweigenden Nachdenken in der Gegenwart Gottes und angesichts dieser Normen fallen die eigenen Beschönigungen und Entschuldigungen fort, und die Sache steht nackt vor uns. Sie ist wieder, was sie immer war: eine Schuld, eine Gemeinheit, ein schiefes Ding. Das Gefährliche an diesem Versuch ist, daß dem Menschen seine wohlbehüteten Illusionen über sich selbst zerbrochen werden. Das ist noch keine vollständige Selbsterkenntnis! Aber es genügt, um jetzt anders über sich zu denken. Der großartige Erfolgsmann sieht jetzt den Unterschied zwischen Transaktion und Schiebung und ist seiner weißen Weste nicht mehr so sicher. Dem jungen Helden bleibt die Prahlerei im Halse stecken, da plötzlich Dinge auftauchen, an die er nicht gern denkt. Es kann mancherlei geschehen in dieser Stille vor Gott.

Darauf muß auch der fromme Mensch gefaßt sein. Er hat sich lange in die beruhigende Suggestion einer allgemeinen Sündhaftigkeit geflüchtet. Die tat nicht weh. Jetzt steht er den verkehrten Tatbeständen seines Lebens gegenüber und erschrickt. Und wenn ihm in dieser Stille Jesus begegnet und ihn nach seiner Liebe und nach seiner Freiheit von sich selbst fragt, dann wird es eine schwere Stunde. Aber sie trägt den Keim der Hilfe bereits in sich. Man muß es wagen, in einen klaren Spiegel zu schauen, wenn man wissen will, wie man aussieht. Und wenn Ihnen das Bild, das Ihnen entgegenschaut, nicht gefällt, dann schlagen Sie nicht in den Spiegel! Das wäre keine Lösung.

Ich habe in mehr als zwanzig Jahren, in denen ich diesen Versuch kenne und empfehle, noch nie erlebt, daß er ergebnislos geblieben wäre. Wer Gott ernsthaft um Klarheit über sich und sein Leben bittet, der bekommt sie auch.

9. Von der Vergebung

Nach meiner Erfahrung ist es nicht sehr sinnvoll, von Vergebung und Gnade zu reden, wenn gar keine Sünder da sind. Der Sünder entsteht erst da, wo er dem Gebot Gottes so hart begegnet, daß er nicht mehr ausweichen kann: Du bist der Mann! Dann verliert das Lebensgefühl des modernen Heiden seine Unschuld und Ungebrochenheit. Er sieht sich so, wie er wirklich ist.

Wir haben den alten und bewährten Rat zu einer radikalen Bestandsaufnahme über das ganze bisherige Leben gegeben. Dabei hatten wir den Mut, sehr einfach zu sein. An dieser Stelle kommt alles darauf an, daß jeder Mensch guten Willens und mit der Bereitschaft zur Ehrlichkeit einen Schritt tun kann, ohne vorher theologische oder psychologische Erörterungen anstellen zu müssen. Ob er den Schritt wagt, ist seine Sache. Der Versuch ist jedenfalls so einfach, daß sich keiner entschuldigen kann, er habe ihn nicht verstanden.

Wenn einer mit tapferem Herzen in der Stille vor Gott — oder was er sich unter Gott vorstellt — sein Leben mit unbedingten Maßstäben mißt, dann entsteht eine neue Lage. Der moderne Heide verliert seine Unschuld, weil er jetzt der Norm gegenübersteht, der er solange bewußt oder unbewußt ausgewichen ist. Die Illusion der bedingungslosen Freiheit wird entlarvt, weil die vielfältigen Gebundenheiten zutage treten. Er sieht nun unleugbar die Verkehrtheiten seines Lebens und entdeckt daran seine Gottferne. Jetzt, wo ein Lichtstrahl von Gott sein Leben anleuchtet, bekommen die Verkehrtheiten einen neuen Charakter. Sie werden zu Sünden.

Der »anständige Mensch« — meist steht er in den besten Jahren — erlebt den Bruch einer anderen Illusion. Er verliert seine weiße Weste, auf die er so stolz war, weil er jetzt in der Stille vor Gott den Unterschied zwischen relativen und absoluten Maßstäben erkennt und sich nun neu damit messen muß.

Der religiöse Mensch, der »auch seinen Glauben hat«, und der immer bereit ist zuzugeben, daß wir allzumal Sünder sind, entdeckt, daß die beruhigende Suggestion der allgemeinen Sündhaftigkeit ihn gehindert hat, den echten Tatbeständen seines Lebens ins Auge zu sehen. Er war bisher immer bereit, über diesen oder jenen Sündenbegriff zu diskutieren, aber in der Stille vor Gott ging es nicht um eine Theorie über die Sünde, sondern seine eigene konkrete Schuld stand unausweichlich vor ihm.

Der vorgeschlagene Versuch ist einfach, aber er bringt Menschen in eine Krisis. Wohlbehütete Illusionen werden zerbrochen, täuschende Fassaden zerfallen, und die Masken lösen sich. Das ist nicht ungefährlich. Ein Helfer sollte in der Nähe sein.

Was tut ein Mensch mit seinen Sünden, die jetzt unübersehbar auf dem Blatt Papier aufgeschrieben sind? Er muß sich zu einer Lösung entschließen. Es gibt mehrere Möglichkeiten:

1. Er kann so tun, als ob nichts geschehen wäre. Dann wird er das Blatt Papier schnell vernichten und wird sich bemühen, die unangenehmen Dinge schleunigst zu vergessen. Vielleicht

gelingt das. Aber für den modernen Heiden ist der Zustand der unbewußten Unschuld verloren, es ist ein Bruch in seinem Leben. Er wird nie mehr mit dem guten Gewissen von früher sündigen können, die Sünde wird ihm auch nie mehr soviel Spaß machen wie früher. Möglich, daß ihn diese Erkenntnis zu unserem Feinde werden läßt.

Die anständigen und die religiösen Menschen werden vielleicht vergessen können, daß sie in den Spiegel Gottes geschaut haben, weil sie schnell wieder in ihre Illusion flüchten und nun wahrscheinlich noch etwas anständiger und noch religiöser sein können.

Alle Menschen, die sich für diesen billigen und schlechten Lösungsversuch entscheiden, haben einen Anruf Gottes verpaßt. Die Bibel kennt den Begriff der »Verstockung« und meint damit einen Zustand, in dem Menschen für das Reden Gottes nicht mehr erreichbar sind. Wenn man sich diese festgefahrenen Menschen genauer ansieht, dann entdeckt man oft, daß sie sich schon einmal oder mehrfach durch eine falsche Entscheidung dem Anruf Gottes entzogen haben. Die Folge war, daß Gott sie nun sich selbst überläßt und daß sie nun »sehen und doch nicht sehen und hören und doch nichts vernehmen«.

2. Der anständige Mensch hat noch eine andere Möglichkeit, mit dem unangenehmen Zettel fertigzuwerden. Er wird sich bemühen, geschehene Lügen und Betrügereien durch kompromißlose Ehrlichkeit auszugleichen. Er wird die aufgedeckte Unreinheit in seinem Leben durch größte Ehrbarkeit auszulöschen versuchen und wird in Zukunft seinen Egoismus und seine Lieblosigkeit durch betonte Mitmenschlichkeit sühnen. Das ist anständig und respektabel und soll nicht verkleinert werden. Aber dieser Versuch geht am wesentlichen Punkt vorbei und endet im leeren Raum.

Dieser wesentliche Punkt ist die Tatsache, daß kein Mensch eine geschehene Tat, ein gesprochenes Wort oder einen gedachten Gedanken zurückholen und ungeschehen machen kann. Das ist eine sehr harte Erkenntnis. Wer gestohlen hat, der bleibt ein Dieb, auch wenn er sein Diebesgut zurückbringt und um Verzeihung bittet. Selbst wenn er den Geschädigten mit Geschenken zudeckt, kann er die Tatsache des Diebstahls nicht ungeschehen machen. Wenn wir gehässig, neidisch und verleumderisch reden und Menschen damit verletzen, können wir sie um Verzeihung bitten. Wir können unsere Zunge in Zucht nehmen und in Zukunft mit unseren Worten achtsam umgehen — und trotzdem holen wir damit kein böses Wort zurück. Genauso geht es mit unseren Gedanken. Sie strahlen auf geheimnisvolle Weise aus und erfüllen den Raum mit ihrer hellen und frohen, positiven oder mit ihrer bösen, gehässigen, negativen Kraft. Jeder von uns hat erlebt, daß man Menschen begegnet, in deren Nähe eine reine, klare Luft ist, und anderen, die dunkles Unbehagen um sich verbreiten. Gedanken sind keine Privatsache, man kann andere Menschen damit stützen und fördern, man kann sie stören und hindern. Gedanken sind Kräfte, für die wir verantwortlich sind.

Wir können nichts ungeschehen machen, auch die größte Anständigkeit kann das nicht. Ganz und gar unmöglich ist das Gott gegenüber. Wir vergehen uns mit unseren Taten, Worten und Gedanken nicht nur an uns und an unseren Mitmenschen, wir versündigen uns an Gott. Sünde hat es mit dem lebendigen Gott zu tun. Ihm gegenüber gibt es keinen Ausgleich durch Wohlverhalten und Anständigkeit.

3. Die Selbstverteidigung ist ein anderer Versuch, sich gegen die konkrete Sündenerkenntnis zu wehren. Wir rechtfertigen uns selbst, indem wir die Schuld für unsere Verfehlungen auf andere Menschen, auf die Zeitverhältnisse oder sogar auf Gott schieben. Neu ist dieser Versuch nicht. Der erste biblische Bericht über menschliche Sünde ist zugleich ein Bericht über seine Selbstrechtfertigung. Dieses Abschieben der Schuld war bei Adam etwas töricht und peinlich. Wir spielen dabei keine bessere Rolle.

Man kann mit Psychologie viel Unsinn treiben. Seitdem die Illustrierten die Wissenschaft von der Beeinflussung des Lebens durch ungute Kindheitserlebnisse allem Volke vermittelt haben, fühlt jeder Taugenichts sich als unschuldiges Opfer anderer Menschen. Die Eltern sind schuld oder die Lehrer, die Schulverhältnisse oder die Überforderung durch das Studium. Irgend jemand wird gefunden, der an der eigenen Haltlosigkeit und Verfehlung schuld ist. Die Jugend-Strafanstalten stecken voller Opfer der Verhältnisse, denen die Selbstrechtfertigung den Weg zur Erneuerung verbaut.

4. Ein moderner Lösungsversuch ist die Psychotherapie. Der Mensch, dessen Inneres durcheinander geraten ist, und der mit sich und seinem Leben nicht mehr fertig wird, findet heute leichter den Weg zum Facharzt als zum Seelsorger. Dagegen ist zunächst nichts zu sagen. Die Psychotherapie hat große Erkenntnisse vom Wesen des Menschen und von seinen Heilungsmöglichkeiten zutage gebracht. Sie kann helfen, uns und unsere Umwelt richtiger zu sehen und kann Verklemmungen und Fehlhaltungen lösen. Aber an dem Punkt, um den es hier geht, hilft keine Wissenschaft. Psychotherapie kann nicht von Schuld befreien. Das kann nur Gott.

Es gibt keine Möglichkeit, mit Sünde fertigzuwerden. Sünde kann, wenn sie erst einmal deutlich erkannt ist, weder verarbeitet noch verdrängt werden. Man kann sie nicht heroisch bejahen oder innerlich überwinden. Es hilft auch nichts, sie zu bagatellisieren oder religiös zu überdecken. Das alles funktioniert nicht. Wenn wir ehrlich sind, merken wir das. Darum ist die Botschaft von der Vergebung der Sünden durch Jesus Christus von solcher Wichtigkeit, wenn sie dem Menschen in der richtigen Stunde gesagt wird.

Jetzt muß von Jesus geredet werden. Ich bin glücklich, wenn ich dazu den Auftrag habe. Seit meiner Jugend ist meine Fantasie mit den Bildern großer Männer beschäftigt. Das waren nie Kriegshelden oder gewaltige Herrscher. Es faszinierte mich, wenn ich bei einem Manne der Geschichte drei Eigenschaften fand: präzises Denken, männliche Festigkeit und große Güte. So hat mich zum Beispiel lange das Wesen und Leben des Spaniers Gerbert von Aurillac beeindruckt, der später als Silvester II. Papst wurde.

Dann hat Jesus mich angeredet und hat mein Leben in die

Hand genommen. Seitdem beschäftigt sich meine Fantasie mit ihm und mit seinem Wesen. Die Nachrichten über ihn sind nicht umfassend, aber doch so vielfältig und reich, daß sie nie langweilig werden. Dem suchenden Herzen begegnet Jesus als Person. Man kann ihn kennenlernen und liebhaben. Dann entdeckt man den umfassenden Geist und ist fasziniert von der Weite seines Denkens. Man sieht den sehr männlichen Mann und seine Klarheit und Festigkeit. Eine große Persönlichkeit! Aber das Herz öffnet sich seiner Güte und Liebe. Da ist keine Sentimentalität, sondern eine gute Hand, die schwache Menschen erfaßt und eine Liebe, die sich selbst vergißt und hingibt.

Dieser Mann Jesus von Nazareth lebte als dörflicher Zimmermann in einem kleinen Dorfe im Winkel der Welt. Es ist anzunehmen, daß er nach dem frühen Tode des Vaters die Mutter und mindestens sechs jüngere Geschwister ernährte. Er hat hart gearbeitet und in Dörfern ringsum das einfache Leben und das Denken geplagter Menschen, aber auch ihre Freuden kennengelernt. Darum hat er sie später so anreden können, daß sie ihn verstanden. Wie gut, daß Jesus nicht aus der Stille eines Klosters der Essener oder aus der Einsamkeit eines Eremiten der Wüste kam!

Drei Jahre ist er als Wanderprediger durch das Land gezogen, zusammen mit einer Gruppe von einfachen Männern, die er von ihrer Arbeit weggerufen hatte. In dieser Zeit hat er große Dinge getan und Aufregendes gesagt. Das Volk lief ihm nach und ließ ihn dann im Stich, weil es in seinen Erwartungen enttäuscht war. Dann wurden Klerus und Regierung feindselig. Man verhaftete Jesus, machte ihm einen kurzen Prozeß, folterte ihn und übergab ihn den Henkern. Er starb den schrecklichen Tod am Kreuz.

Bis dahin berichte ich die Fakten des Lebens Jesu. Es ist die Geschichte vom Leben, Wirken und Scheitern eines Messias. Immer wieder frage ich mich, warum sie ihn so gehaßt haben. Aber er war anders als sie, und das konnten sie nicht ertragen. Er war nirgends einzuordnen und paßte in keine der bestehenden Gruppen und Fronten hinein. Er gehörte weder zu den Orthodoxen noch zu den Liberalen, auch nicht zu den »Stillen im Lande«, er war kein Reformer und schon gar kein Revolutionär. Er war immer er selbst. In seiner Gegenwart wurden sie unsicher, und ihre mühsam errungene Gerechtigkeit wurde brüchig. Darum haben sie ihn umgebracht. Regierung und Klerus, das manipulierte Volk und die verhaßte Besatzungsmacht haben sich zu diesem Werk vereinigt.

Aber dann war Jesus wieder da. Er selber lieferte die Beweise für seine Auferstehung, indem er den Geängsteten und den Zweiflern erschien, sie anredete und in seinen Dienst stellte.

Auch dies sind noch Fakten. Ich habe nie daran gezweifelt, daß alles so geschehen ist, aber das Fürwahrhalten dieser historischen Ereignisse hat mein Leben nicht verändert.

Und jetzt redet mein Glaube und bezeugt: Dieser Jesus ist gestorben für meine Sünden! Gott nimmt Sünde todernst, und Sünde muß gesühnt werden. Aber niemand kann es. Darum hat Gott diesem Manne die Last der Sünden auferlegt und ihn dann verstoßen. Das war der tiefste Punkt des schrecklichen Leidens am Kreuz, als Jesus in das Land schrie: »Mein Gott, mein Gott, warum hast du mich verlassen!« Aber auch in dieser Verlassenheit hielt er daran fest: »Mein Gott!«

Er hat gesühnt, darum lebe ich. Sein Tod und seine Auferstehung begründen mein Leben in der Freiheit der Kinder Gottes. Darum rede ich und will nicht aufhören, davon zu reden.

Natürlich weiß ich, daß dies alles nicht zu begreifen ist. Keiner kann es verstehen. Darum soll man auch nicht versuchen, die Versöhnung durch den Tod Jesu zu erklären oder zu verteidigen. Schon die Liebe meiner Frau kann ich niemandem begreiflich machen. Wie sollte man die übergroße Liebe Gottes einem prüfenden und rechnenden Verstande darlegen? Aber ich bezeuge, daß Jesus Christus auch mir Vergebung der Sünde und neues Leben geschenkt hat.

Im Volke Israel entstand etwa 1300 Jahre vor der Geburt Christi während der Wanderung durch die Wüste eine ungewöhnliche kultische Handlung. Am Versöhnungstage, dem hochheiligen Jom Kippur wurden vor dem versammelten Volk zwei fehlerfreie Böcke herausgestellt. Der eine wurde geopfert; sein Blut diente zur Besprengung. Der andere Bock wurde vor den Hohen Priester gestellt, und dieser bekannte laut über ihm die Sünden des Volkes während des letzten Jahres. Dem Tiere wurden diese Sünden feierlich aufgelegt. Dann brachte man es weit hinaus in die Wüste und gab es einem jämmerlichen Tode preis. Dieser Sündenbock ist das Vorbild dessen, was auf Golgatha geschah.

Wenn die Bibel etwas Unbegreifliches berichtet, dann prägt sie keine abstrakten Begriffe, sondern sie malt Bilder. Das Ereignis der Vergebung der Sünden ist durch keinen Begriff hinreichend zu erfassen. Die Bibel »schildert« darum: Gott wäscht unsere Sünden ab — er wirft die Sünden weit hinter sich — er versenkt sie in die Tiefe des Meeres. Das kann man vor sich sehen.

Schließlich haben wir das alles ja längst gewußt. Ich berichte keine Neuigkeiten. Es kommt aber nicht auf das an, was wir wissen, sondern auf das, was wir erfahren. Vergebung der Sünden ist erfahrbar und hat dann Wirkungen. »Wo Vergebung der Sünden ist, da ist Leben und Seligkeit«, heißt es im Lutherischen Katechismus. Wenn solche Worte noch einen Sinn haben, dann muß die erfahrene Vergebung der Sünden eine verwandelnde Kraft haben und neues Leben schaffen.

10. Von der Beichte

Das »Wort von der Versöhnung« war das Thema eines Kirchentages. Viele haben es damals auf einem guten Plakat gelesen. Da sah man an den Anschlagsäulen oder in der Straßenbahn plötzlich eine ausgestreckte Hand: Lasset Euch versöhnen mit Gott! Man las es, wie man die vielen anderen Plakate zur Kenntnis nimmt, die uns Tag für Tag anschreien und uns zu irgend etwas auffordern: zum Kauf einer Zigarette, die »Genuß ohne Reue« verspricht, zum Besuch einer Wahlversammlung, bei der man genau erfahren kann, warum die Lage so schlecht ist oder zum Erwerb von Fernsehern, Kühlschränken, Möbeln und Autos, ohne die das Leben nicht mehr lebenswert ist. Zwischen diesem grellen Geschrei, mitten in dem Übermaß von Geschmacklosigkeit und Torheit hing nun dieses Plakat mit der ausgestreckten Hand: Lasset Euch versöhnen mit Gott! Man denkt einen Augenblick: Ja, das wäre gut — und dann wird dieser Gedanke vom nächsten Eindruck erschlagen.

Das Wort von der Versöhnung wird an jedem Sonntag von vielen Kanzeln gepredigt. Warum ist das so wirkungslos? Das Wort von der Versöhnung ist der zentrale Punkt der christlichen Botschaft. Alles andere, was sonst von der Christenheit gesagt und getan wird, ist gegenüber diesem zentralen Punkt zweitrangig. Christliche Liebestätigkeit in Anstalten und Werken in Europa und in den Entwicklungsländern, Erziehung in Heimen und Schulen, sogenannte Öffentlichkeitsarbeit in der Industrie und Politik — alles ist wichtig. Aber es erhält seine Legitimation erst von der Tatsache, daß der Dienst der Versöhnung geschieht.

Das Wort von der Versöhnung ist keine Nachricht wie andere. Es geht hier nicht um die Bekanntgabe einer interessanten Neuigkeit. Das wäre mit modernen Propagandamethoden bald zu schaffen. Einige Geldmittel vorausgesetzt, könnte man es durch den Einsatz aller technischen Nachrichtenmittel ziemlich schnell erreichen, daß die Menschheit die Botschaft von der Versöhnung in die Ohren gehämmert bekäme. Was wäre aber damit erreicht? Nicht mehr als eine weitere Belästigung der angespannten Nerven. Darum geht es nicht. Der Auftrag der Christenheit heißt nicht, das Wort von der Versöhnung weiterzusagen, sondern den Dienst der Versöhnung zu tun! Das ist ein großer Unterschied. Weitersagen kann man, was man gelernt hat. Dabei kann man persönlich ziemlich unbeteiligt bleiben. Weitergeben kann man nur, was man selber hat. Wer die Botschaft von der Versöhnung als eine Lehre vermitteln will, der wird die Wortgeräusche in der Welt vermehren, ohne die Herzen zu erreichen. Paulus schreibt, daß Gott dieses Wort »in uns niedergelegt« hat. Wenn es in uns brennt, werden wir andere anzünden. Aber nur dann. Das ist der gleiche Vorgang wie bei einer Infektion. Leider haben wir uns daran gewöhnt, daß nur unangenehme Dinge ansteckend sind: Krankheiten, Panik, Gerüchte, Ängste. Hier soll eine Freudenbotschaft anstecken. Ich habe erlebt, wie die Nachricht vom Ende des Zweiten Weltkrieges in italienischen Gebirgsdörfern aufgenommen wurde. Das war ein Freudentaumel ohne Maß — über einen Sieg, den man nicht einmal selbst erkämpft hatte.

Wie kommt es, daß es unter uns so wenig erlöste und befreite Menschen gibt? Sicher lassen sich viele Gründe sagen. Vielleicht wird die Gnade zu schnell angeboten, ehe der Mensch begriffen hat, daß er selber wirklich ein Sünder ist. Gesetz und Evangelium, die beiden Brennpunkte der Ellipse, müssen in der christlichen Verkündigung in einem ausgewogenen Verhältnis zueinander stehen. Die Geschichte der Christenheit zeigt, daß immer wieder einer der beiden Brennpunkte das Schwergewicht bekommt und daß dadurch Unordnung entsteht. Nachdem Luther aus begreiflichen Gründen das Gewicht auf das Evangelium legte, ist die Predigt des Gesetzes weithin zu kurz gekommen und praktisch verschwunden. Jetzt muß dieser Brennpunkt wieder ernst genommen werden.

Die Frage ist nicht von der Hand zu weisen, ob unter den Kanzeln nicht eine Vielzahl von Menschen sitzt, an denen sich bereits das Gericht Gottes in der Form vollzogen hat, daß sie hören und doch nichts mehr verstehen! Das ist ein schwerer Gedanke.

Besonders wichtig erscheint mir, daß dem suchenden Menschen, der den Weg zur Kirche findet, zu wenig praktische Hilfen angeboten werden. Es kommt nicht nur darauf an, die Lehre von der Erlösung richtig und einwandfrei darzulegen. Es wäre wichtiger, Menschen zur Erfahrung der Vergebung hinzuführen. Die große praktische Hilfe zu dieser Erfahrung ist die persönliche Beichte! Seitdem ich erfahren habe, was die Beichte ist, werde ich nicht müde, sie zu empfehlen. Dabei ist es nicht wichtig, die vielen Einwände und Bedenken zu entkräften oder zu widerlegen. Zum größten Teil sind sie theoretisch, da sie alle vor der eigenen Erfahrung der Kritiker liegen.

Die persönliche Beichte oder die »heimliche Beichte«, wie Luther sie nannte, ist nicht das Heil, sondern ein Hilfsmittel zum Erfassen des Heils. Das klingt ein bißchen theoretisch, aber es soll klargestellt sein, daß hier keine neue Heilslehre gemeint ist. Durch den Opfertod und durch die Auferstehung Jesu ist die Erlösung und Befreiung des Menschen von der Sünde geschehen. Das ist für alle Zeiten und für alle Menschen gültig. Das ist der objektive Tatbestand. Trotz dieses gültigen Tatbestandes geht jeder Mensch verloren, der die Erlösung nicht als subjektive Erfahrung, als persönliches Erlebnis erfassen kann. Darum geht es uns. D e r Erlöser muß zu m e i n e m Erlöser werden.

Gott hat sich uns Menschen nur begreiflich machen können, indem er selber Mensch wurde und mit Menschen lebte. Die sichtbaren und fühlbaren Zeichen, mit denen er uns heute seiner Gegenwart versichert, sind sein Geschenk an unsere Menschenart, die so schwer begreifen kann. Wir brauchen diese faßbaren Hilfen. Eine solch faßbare Hilfe ist es für unser abstraktes Denken, wenn in Beichte und Absolution die geheimen Dinge unseres Herzens, aber auch das vergebende Wort Gottes laut und hörbar und damit konkret werden. Ungezählte Menschen haben in dieser Stunde den Weg zu einem neuen Leben gefunden.

Die persönliche Beichte ist keine Neuerung. Sowohl das Alte wie das Neue Testament enthalten Berichte von Menschen, die ihre Sünden durch ein Bekenntnis an das Tageslicht brachten. Die Psalmen reden von den vergeblichen Versuchen, Sünden zu verschweigen und zu verbergen. In der ersten Christenheit war das Sündenbekenntnis vor einem Bruder ein Bestandteil des gemeinsamen Lebens. In den Briefen des Neuen Testamentes wird wenig aber deutlich genug davon geredet: »Bekenne einer dem anderen seine Sünden und betet füreinander, damit ihr heil werdet.« Johannes schreibt in seinem ersten Brief: »Wenn wir behaupten, keine Sünde zu haben, so betrügen wir uns selbst, und die Wahrheit ist nicht in uns. Wenn wir aber unsere Sünden bekennen, so ist er treu und gerecht, daß er uns die Sünden vergibt und uns von aller Ungerechtigkeit reinigt.«

Für die katholische Kirche ist die Beichte ein Sakrament — davon ist hier nicht die Rede. In der evangelischen Christenheit lebt heute noch der erstaunliche Irrtum, Luther habe die persönliche Beichte abgeschafft und ließe nur die allgemeine Beichte gelten. Luther kann kaum gröber mißverstanden werden! Die Reformation ist durch sein Bemühen, die Beichte von einer zeitbedingten Verdunklung zu befreien (Tetzels Ablaßhandel), in Gang gekommen. Luther selber hatte bis an sein Lebensende seinen Beichtvater, den er in schweren Zeiten fast täglich aufsuchte. Wer seine Meinung über die »heimliche Beichte« genau kennenlernen will, der lese die Invocavit-Predigten von 1521. In der Zeit seiner Verborgenheit waren übereifrige Reformer am Werk gewesen und hatten mit Bildern und Altären auch die persönliche Beichte entfernt. Da fuhr Luther wie ein Wetter dazwischen und stellte durch eine große Predigtreihe die Ordnung wieder her. Er beschwor die Gemeinde geradezu, sich die wunderbare Hilfe der persönlichen Beichte unter keinen Umständen rauben zu lassen und verdammte alle, die sie abschaffen wollten, mit den schärfsten und gröbsten Worten. Später schrieb er im Großen Katechismus über die persönliche Beichte: »Wer sein Elend und Not fühlt, wird wohl solches Verlangen danach kriegen, daß er mit Freuden hinzulaufe. Welche es aber nicht achten noch von selbst kommen, die lassen wir auch fahren. Das sollen sie aber wissen, daß wir sie nicht für Christen achten... Darum, wenn ich zur Beichte ermahne, so tue ich nichts anderes, als daß ich vermahne, ein Christ zu sein.« Die Augsburgische Confession bekennt sich in einem besonderen Artikel ausdrücklich zur Beibehaltung und zum ernsten Gebrauch der Einzelbeichte.

Die weitere Entwicklung ist fast tragisch zu nennen. Die persönliche Beichte wurde nie abgeschafft, aber sie verschwand langsam. Die Geschichte des Verfalles der Beichte ist zugleich die Geschichte des inneren Versandens unserer Kirche. Daß das nicht ohne Widerstände aktiver Christen und Gemeinden geschehen ist, bezeugt die Tatsache, daß noch 1780 in evangelischen Kirchen neue Beichtstühle aufgestellt und benutzt wurden. Die jetzige Form der allgemeinen Beichte hat sich erst seit etwa 1785 durchgesetzt. Vorher war sie nur für Notfälle bestimmt, in denen keine Zeit für die persönliche Beichte blieb.

Heute ist die Einzelbeichte wieder da. Keiner hat sie eingeführt, sie ist wieder aufgekommen. Wo lebendige Gemeinde ist, da werden Sünden gebeichtet und vergeben.

Die persönliche Beichte ist kein Zwang. Wir müssen nicht beichten, wir dürfen es tun. Als gut protestantischer Individualist habe ich lange gemeint, daß ich auch ohne Hilfe eines anderen Menschen mit Gott über meine Sünden reden könne. Das tat ich auch — aber es wurde dadurch in meinem Leben nichts anders. Trotz ernster Mühe drehte ich mich im Kreise und wurde nicht ruhig. Das änderte auch die allgemeine Beichte vor dem Abendmahl nicht. Erst auf dem Wege der persönlichen Beichte habe ich Vergebung und Befreiung erfahren.

Die Frage, ob ein Mensch allein und direkt vor Gott stehen und frei werden kann, würde ich also sehr zurückhaltend beantworten. Sicher gibt es Menschen, die Gott so nahe sind, daß sie keinen Helfer brauchen. Für Neulinge auf dem Wege und für solche, die Christen werden wollen, rate ich ab, sich lange allein zu quälen.

Gegen die Praxis der allgemeinen Beichte will ich nichts sagen. Aber ich kann nicht verschweigen, daß ich in ihr keine Hilfe gefunden habe und daß auch die meisten lebendigen und fruchtbaren Christen, die ich kenne, in der persönlichen Beichte leben. Mit Sicherheit gehören in die Einzelbeichte:

> alle Sünden, die uns auch nach der allgemeinen Beichte noch bedrücken, alle geschlechtliche Unordnung und alle Süchte, alles, was mit Zauberei, Wahrsagen, Kartenlegen,

Pendeln, Besprechen usw. zu tun hat, festgefahrener Groll gegen Menschen.

Von diesen Dingen wird nach meiner Erfahrung der Mensch allein nicht frei. Warum das so ist, weiß ich nicht. Wahrscheinlich muß dazu erst der dunkle Bann des Geheimnisses gebrochen werden. Der Teufel muß verraten werden. Dunkle Bindungen verlieren ihre Macht erst, wenn sie klar und gültig gelöst werden.

Viele Fragen betreffen die Absolution. Sie ist das Kernstück der Beichte. Die evangelische Kirche bezeugt in der Augsburger Confession (XXV): »Die Absolution ist nicht des gegenwärtigen Menschen Stimme, sondern Gottes Wort, der die Sünden vergibt. Denn sie wird an Gottes Statt und aus Gottes Befehl gesprochen.« Das ist eine schwerwiegende Aussage. Wir fragen, wer die Vollmacht hat, so zu reden und zu handeln. Das hat Jesus eindeutig erklärt, als er sagte: »Wem immer ihr die Sünden vergebt, dem sind sie vergeben, und wem ihr sie behaltet, dem sind sie behalten!« (Joh. 20, 23). Er sagte das zu seinen Jüngern. Nach evangelischem Verständnis waren das damals wie heute die Menschen, die ihm ihr Leben übergeben haben und ihm in der Kraft des Heiligen Geistes nachfolgen. Die Vollmacht ist wie die Nachfolge an kein Amt gebunden. Kein Mensch kann einem Jünger Jesu diese Vollmacht geben oder nehmen. Sie ist da, oder sie fehlt. Man weiß das, und die anderen spüren es. Darum kann man einem Menschen, der in seiner Krisis einen Helfer sucht, mit dem er gemeinsam vor Gott treten darf, einfach sagen: »Geh zu einem Manne oder zu einer Frau, zu der du das Zutrauen hast, daß sie unter Gott leben und daß sie die Fähigkeit haben, das Gehörte bis an ihr Lebensende zu verschweigen.« Das läßt sich nicht reglementieren. Gott hat einen Zaun um dieses Gebiet gezogen und schützt es vor Mißbrauch. Irgendwie werden Suchende vor einem ungeeigneten Partner bewahrt. Nach unserer Erfahrung wird meist nur der als Beichtvater gesucht, der selber beichtet. Es hat sich als richtig herausgestellt, daß Männer zu Männern und Frauen zu Frauen gehen.

Die Absolution kann und darf nicht automatisch erteilt werden. Jesus legt seinen Jüngern eine schwere Entscheidung in die Hand: vergeben oder festlegen — eine Entscheidung, die eine genaue Kenntnis des Sachverhaltes voraussetzt. Nach meiner Überzeugung und Erfahrung muß die Absolution zurückgestellt werden:

> wenn der Mensch seine Sünden nicht aufrichtig bedauert, wenn er nicht bereit ist, Sünden und verkehrte Lebensbeziehungen ehrlich loszulassen,
>
> wenn er sich weigert, seinerseits den Menschen, die an ihm schuldig wurden, von Herzen zu vergeben,
>
> wenn er nicht bereit ist, die angerichteten Schäden wieder gutzumachen — soweit das richtig und möglich ist.

Eine Absolution aufzuschieben oder gar zu verweigern, ist eine schwere Entscheidung, aber sie muß manchmal gefällt werden.

Wer es unternimmt, die Beichte eines Menschen zu hören, betritt ein gefährliches Gebiet. Er wird Zeuge des Geheimsten und Verborgensten eines Menschenlebens. Für den Hörenden ist das nur zu ertragen, wenn Gott ihn absichert gegen die Gefahren der Infektion und der Indiskretion. Gott tut das nach meiner Erfahrung, indem er das Gehörte überraschend schnell aus dem Gedächtnis auslöscht, so daß die eigene Fantasie nicht vergiftet wird und kaum noch die Möglichkeit des Weitersagens besteht.

Das Beichtgeheimnis muß — das ist eine unwiderrufliche Entscheidung — unter allen Umständen unbedingt eingehalten werden. Das sollte für beide Teile gelten.

Aus dem bisher Gesagten geht hervor, daß eine Beichte sich von jedem anderen Gespräch grundsätzlich unterscheidet. Das ist keine Frage der Form. Ich habe Beichten in Kirchen und Kapellen ebenso wie am Wegrande, meist aber in der Stille des Arbeitszimmers erlebt. Der Unterschied liegt auch nicht im Gegenstand des Gespräches. Es gibt Menschen, die ziemlich hemmungslos über ihre Sünden Konversation machen. Das ist aber keine Beichte. Auch ein Austausch unter Freunden, der die Nöte und Schwierigkeiten offenbart und guten Rat sucht, ist noch keine Beichte. Die beste Erklärung sagt Luther im Kleinen Katechismus: »Die Beichte begreift zwei Stücke in sich: eines, daß man die Sünde bekenne, das andere, daß man die Absolution oder Vergebung von dem Beichtiger empfange als von Gott selbst, und ja nicht daran zweifle, sondern fest glaube, die Sünden seien dadurch vergeben vor Gott im Himmel.«

Wer die Vergebung seiner Sünden sucht, muß auch bereit sein, begangenes Unrecht nach Kräften wieder in Ordnung zu bringen. Oft ist das nicht mehr möglich, aber meist zeigt Gott doch einen gangbaren Weg. Das ist eine Frage, die in jedem Einzelfalle in der Stille genau geprüft werden muß, damit nicht aus gutwilligen, aber unüberlegten Wiedergutmachungs-Aktionen neues Unrecht entsteht. Das gilt besonders dann, wenn andere Menschen an dem Unrecht beteiligt waren. Wir haben die Erfahrung gemacht, daß ohne eine echte Bereitschaft zum Wiedergutmachen keine Freiheit geschenkt wird.

Die Hauptsache: Gott will nicht unsere Sünden, er will uns selbst haben! Mancher möchte gern seine Sünden abladen, weil sie lästig sind, um dann mit frischer Kraft seinen eigenen Weg weitergehen zu können. Das funktioniert nicht. Gott meint uns selber, wenn er uns ruft. Sein Ziel ist ein neues Leben, in dem er mit uns etwas anfangen kann. Beichte und Absolution sind darum nicht ein Zielpunkt, sondern der Anfang eines Weges. Gott hat sich unsere Befreiung viel kosten lassen, er hat eine bestimmte Absicht damit. Immer wieder fällt mir Luther ein: »... der mich verlorenen und verdammten Menschen erlöset hat, erworben und gewonnen von allen Sünden — damit ich sein Eigen sei und in seinem Reiche unter ihm lebe und ihm diene!«

Der wichtigste Schritt bei der ersten grundlegenden Beichte ist die Hingabe. Das ist die wohlüberlegte, klare Entscheidung: von jetzt an gehört mein Leben dem Herrn Jesus Christus! Es ist gut, das ganz präzise auszusprechen. Man hat dann einen Zeugen. Keiner von uns wußte in dieser Stunde der Hingabe, welche Folgen das für sein Leben haben würde. Keiner weiß, ob er seiner Entscheidung treu bleiben wird. Aber darauf kommt es nicht an. Es ist das Wagnis des Petrus, der aufgefordert ist, aus dem Boot zu steigen und auf das Wasser zu treten. Wer von diesem Totalitätsanspruch Gottes zurückschreckt, wird ein halber Christ bleiben. Das ist ein mühsames Leben und lohnt sich nicht. Erst das Wagnis der ehrlichen Hingabe öffnet die Tür zum neuen Leben, das Gott schenken will. Und unsere Fähigkeit zur Treue? Ich habe weder über mich noch über andere Menschen Illusionen — das Leben mit der Beichte hat sie radikal beseitigt. Aber ich weiß, daß Gott treu ist und festhält. Und darauf kommt es an.

Das mag etwas schwer und ernst klingen. Darum sei es noch einmal ausdrücklich gesagt: Die Beichte ist das Tor zu einer großen Freude! Sicher, es ist ein enges und rauhes Tor, das etwas Mühe macht. Aber dahinter ist freie Bahn.

11. Von der Angst

In diesem und in den beiden nächsten Abschnitten möchte ich mit Ihnen etwas ausführlicher über drei besondere Sklavenhalter nachdenken, die heute Menschen unter ihre Fuchtel bringen: die Angst, die Süchte und den Aberglauben.

»Wer die Angst hinwegnimmt, hat unsere Zeit geheilt« — diese Überschrift hatte der Leitartikel einer großen deutschen Zeitung. Die Angst ist heute eine der starken treibenden Kräfte unseres privaten und öffentlichen Lebens. Das politische Reden und Handeln in unserer Zeit ist eigentlich nur zu verstehen, wenn man die Angst dahinter erkennt. Ähnlich ist es in der Wirtschaft. Dort geht es längst nicht mehr nur um Zweckmäßigkeiten, die sachlich verhandelt werden könnten. Im Untergrund auch des wirtschaftlichen Denkens und Handelns ist die Angst am Werk.

Erschreckender noch ist die Tatsache, daß man die Angst zum politischen System gemacht hat. Mit dem sehr einfachen und durchsichtigen Mittel des Terrors versetzt man Millionen von Menschen in den Dauerzustand einer unerträglichen Angst. Wenige ideologisch geschulte und innerlich überzeugte Funktionäre halten ganze Dörfer und Städte in Bann. Unter dem Druck dieser Angst sickert dann die Propaganda in die Herzen. Wenn man die Angst wegnehmen könnte, wären Menschen für diese Propaganda unangreifbar.

Angst zerstört den Menschen. Sie verletzt zunächst seine Würde und sein Selbstbewußtsein und wird darum peinlich verborgen und geleugnet. Schließlich höhlt sie den Menschen aus. Er wird in seinem Wesen verändert. Ich weiß, wie die Angst meine innere Entwicklung gehemmt und gefährdet hat. Im Kriege hatte ich auch Angst, aber weil immer Männer dawaren, die etwas von mir erwarteten, durfte sie nicht bemerkbar werden. Man bekommt schließlich die Fertigkeit, mit Angst im Herzen und mit unbewegtem Gesicht das Notwendige zu tun. Durch aktives Handeln kann man Angst überspringen, aber nicht überwinden.

Warum ist die Angst heute zu einer beherrschenden Macht geworden? Wie konnte sie so mächtig werden? Für solche und ähnliche Fragen gibt es schnelle, fertige Antworten, die meist am Kern der Dinge vorbeischießen. Man sagt, wir müßten darum so in Angst leben, weil die Zeit so schrecklich sei, weil die Zukunft so drohend und gefährlich vor uns stehe, weil der nächste Krieg und die Atombombe unvermeidlich wären, weil das Gefüge des ganzen Lebens knistert und zerbröckelt usw. Dann wird noch von der Gefährdung der wirtschaftlichen Existenz gesprochen und von den vielen Bedrohungen bis hin zu Krebs und Tuberkulose.

Für den ernsthaft Denkenden ist sichtbar, daß hier nicht die wirklichen Ursachen genannt sind, sondern nur die Anlässe, an denen die tiefverborgene Angst in Erscheinung tritt. Angst ist ein Grundgefühl, eine tiefeingewurzelte Lebenshaltung, die nicht durch äußere Ursachen veranlaßt ist. Um das deutlicher zu machen, unterscheidet man ja zwischen Furcht und Angst.

»Furcht bezieht sich auf etwas innerweltlich Seiendes«

(Heidegger). Wenn ich bestimmte auf mich zukommende Ereignisse fürchte, dann habe ich doch immer die Hoffnung, daß sie gnädig vorbeigehen oder daß ich gut durchkomme. Der Junge fürchtet die Lateinarbeit und hofft, daß sie ausfällt. Man fürchtet die Entlassung und hofft doch, den Arbeitsplatz zu behalten. Wir fürchten den nächsten Krieg und hoffen, daß er sich vermeiden läßt.

Der Gegenstand der Furcht ist also faßbar, meist auch überschaubar. Wir sind ihr nicht wehrlos ausgeliefert, und der gesund reagierende Mensch kann häufig Gegenmaßnahmen gegen das Befürchtete ergreifen. Die Furcht braucht keine Panik auszulösen, wir brauchen nicht in den Zustand hoffnungsloser und absoluter Preisgegebenheit zu stürzen.

Mit der Angst ist das anders. Die steckt tief im Menschen und ist im Grunde unabhängig von der äußeren Lage. Sie ist nicht verursacht durch die politische oder sonstige Bedrohung und würde auch nicht weichen, wenn die Zeiten friedlicher wären. Wenn ein Mensch auf eine einsame Südseeinsel flieht und sich durch Minengürtel und Stacheldraht sichert — die Angst nimmt er trotzdem mit, weil er sich selbst ja mitnimmt. Diese Angst wird auch ganz sicher einen Gegenstand finden, an dem sie sich äußert und durch den sie dann eine sichtbare Begründung erfährt.

»Angst ist das Grundgefühl des Menschen, der sich von Gott gelöst hat« (Thielicke). Von der Schöpfung her ist uns das Leben in der Nähe Gottes und in seinen Ordnungen zugewiesen. Das Leben ist an die Nähe Gottes gebunden und empfängt von daher seine Impulse und seine Geborgenheit. Wird diese Verbindung unterbrochen, dann tritt ein Zustand der Verlorenheit, des Ausgesetztseins ein, dem wir nicht gewachsen sind. Dann ist das Leben an sich bedroht. Wir stehen unter dem Druck einer tödlichen Einengung und Beklemmung. Das ist die Angst.

Hier müssen wir uns richtig verstehen. Unter »Verbindung mit Gott« meine ich nicht einfach die landläufige Form gewohnter Kirchlichkeit, sondern die tatsächliche Unterstellung des gesamten Lebens und das Erfülltsein mit der Kraft Gottes. Wenn diese Verbindung sich lockert und abreißt, setzt die Angst ein. Der moderne, säkulare Mensch hat viel Mühe darangesetzt, ganz frei zu werden. Nun ist er wirklich losgebunden, und Gott ist weit weg. Man hat ihn für tot erklärt und hat gemeint, damit die Diesseitigkeit des befreiten Menschen zu gewinnen. Aber man hat sich geirrt. Die Konsequenz der menschlichen Vermessenheit ist die gottlose Einsamkeit und erschreckende Verlassenheit. »Niemand im All ist so einsam wie ein Mensch ohne Gott« (Jean Paul).

Der bürgerliche Mensch möchte zwar nicht ganz auf Gott verzichten, aber er verliert die Verbindung durch seine Halbheit. Für den Bürger und für den Atheisten ist das Ergebnis die praktische Gottlosigkeit. Das ist nicht nur vereinzelt so, das geht heute die Mehrzahl der Menschen an. Immer haben Menschen sich gegen Gott aufgelehnt, zu allen Zeiten haben sie gegen Gott gekämpft, aber sie haben auch in der Auflehnung noch mit ihm gerechnet. Nun ist Gott für das praktische Leben von Millionen einfach nicht mehr da. Er ist nicht mehr wirkende Kraft, ist nicht mehr verbindlich. Gott ist weit weg, oder er ist tot. Der Mensch ist allein. Eben dieses Alleinsein, dieses Ausgesetztsein in eine entgötterte Welt kann kein Mensch ertragen. Die Angst schnürt ihm das Herz zu. Die Welt ist unheimlich geworden.

Dazu kommt, daß mit der Auflösung der Verbindung zu Gott auch das Verhältnis untereinander gestört wurde. Der Mensch ist dem Menschen unheimlich geworden. Das ist so gekommen: Man hat sich freigemacht von den lästigen Bindungen und Ordnungen, von Gottes Geboten und Verboten. Jeder kann nun tun und lassen, was er will und was ihm zweckmäßig erscheint, sofern er sich eben in den Grenzen des Strafrechtes bewegt. Aber sehr schnell entdeckt man, daß der andere nun auch tun kann, was er will. Man kann durchaus nicht mehr voraussehen, was er tun wird. Wer kann sich noch darauf verlassen, daß das Ja wirklich ein Ja und das Nein tatsächlich Nein bedeutet? Einer ist dem anderen unberechenbar geworden. Das bedeutet nicht nur einen unsinnigen Kräfteverbrauch, es ist auch eine der tiefen Wurzeln der Angst. »Wenn Gott tot ist, dann ist alles möglich geworden« (Dostojewski).

Was kann man gegen die Angst tun? Wir können doch nicht resigniert zusehen, wie unser persönliches und öffentliches Leben noch weiter in die Sklaverei dieser unheimlichen Macht gerät.

Es wird viel darüber geschrieben und geredet, und ich bin oft erstaunt, mit welchem Aufwand an Klugheit und Fleiß man an den Wurzeln des Problems vorbeiredet. Man ruft zur Tapferkeit auf. »Dem Schicksal tapfer in den Rachen greifen« wird wieder zitiert. Der Wille wird aufgeboten, obwohl man doch weiß, daß er nicht in die Tiefen hinabreicht, in denen die Angst wohnt. Alle Besinnung auf die eigenen Energien, alle Schicksalstapferkeit kommt an die Angst nicht heran. Mir kommen diese Bemühungen immer so vor wie der Versuch eines Mannes, der sich an den eigenen Haaren aus dem Sumpf herausziehen wollte.

Die Mehrzahl unserer Zeitgenossen weicht schon der Fragestellung aus. Es gibt heute eine Massenflucht vor der Angst. Man flieht in den Betrieb und in den Lärm, damit die Angst betäubt wird. Jede Minute der Stille wird zerstört, damit keine Besinnung aufkommt. Rundfunk und Fernsehen liefern uns ja zu jeder Stunde die Möglichkeit der Geräuscherzeugung. Oder man flieht in die Arbeit, man arbeitet sich um die Besinnung. Bei vielen gehetzten Männern und Frauen habe ich den Eindruck, daß sie vor der Angst ihres Herzens davonlaufen. Das ist auch keine Lösung.

Wenn es richtig ist, daß die tiefe Wurzel der Angst in der Lockerung und Auflösung der Verbindung mit Gott liegt, dann ergibt sich daraus, daß die Hilfe nicht von einem philosophischen System kommen kann. Hier helfen auch keine ideologischen Aussagen. Hier muß etwas geschehen: die Verbindung zu Gott muß wieder gefunden werden. Ich weiß nur eine Möglichkeit dafür: die Versöhnung durch Jesus Christus! Die Vergebung bewirkt Befreiung und reicht bis an die tiefsten Wurzeln unseres Seins. Wenn Jesus sagte: »In der Welt habt ihr Angst, aber seid getrost, ich habe die Welt überwunden« — dann heißt das, daß auch die Angst besiegt ist, wenn wir auf der Seite des Siegers stehen. Wer auf der Seite des Siegers steht, hat Anteil an seinem Sieg.

Für den Christen ist die Angst eine ernste Frage. Ich meine nicht, daß Angst Sünde sei. Aber sie ist bestimmt ein Kennzeichen für die Lockerung der Verbindung zu Gott — eine rote Warnlampe. Angst ist der Riß, durch den die Sünde dann hereinbricht. Eine gute Hilfe gibt das Wort des Johannes: »Furcht verträgt sich nicht mit der Liebe, sondern die vollkommene Liebe treibt die Furcht aus.« Dieser Jünger hatte wohl das Wesen der Liebe am tiefsten erfaßt. Er stellt der Angst nicht die Tapferkeit gegenüber, nicht die heldische Haltung oder den Heroismus, sondern die Liebe. Männliche Tapferkeit kann wohl über verdrängte Angst hinweg handeln, aber nicht von ihr befreien. Flucht vor der Angst in alle nur möglichen Gebiete hinein ist ebensowenig eine Lösung wie die Verleugnung der ganzen Frage. Wir brauchen eine positive Antwort. Das ist die Kraft der Liebe.

Wenn die tiefe Lebensangst eine Folge der zerstörten Bindung an Gott ist, dann ist die Liebe die lebendige Kraft, die aus der wiedergewonnenen Verbindung fließt. Diese aktive Liebe ohne Sentimentalität ist die Antwort auf die Angst unserer Zeit. Ungezählte Menschen hungern nach einer Botschaft von der Überwindung der Angst. Diese Botschaft muß glaubwürdig sein, sie muß deshalb von Menschen gesagt werden, die in ihrem eigenen Leben die Überwindung der Angst erfahren haben. Wir haben nicht eine Lehre, sondern eine freudige Erfahrung zu sagen.

12. Von den Süchten

Bei diesem Thema kann leicht ein schiefes Bild entstehen. Man könnte fürchten, daß wir nun die Freuden des Lebens abschneiden wollen. Wir sind keine Puritaner. Es geht uns jetzt auch nicht um moralische Urteile oder Vorurteile. Uns interessieren die Süchte im Zusammenhang mit der Frage nach der Freiheit.

Wenn man es recht bedenkt, dann ist es doch eine erstaunliche Sache, wie kleine und unscheinbare und an sich nicht besonders gefährliche Dinge so großen Schaden anrichten können. Die einzelne Zigarette ist so unwichtig, daß man nicht darüber zu reden braucht, das Glas Wein ist auch keine Gefahr, und die Spritze mit dem anregenden oder beruhigenden Medikament in der Hand des Arztes ist sogar eine große Hilfe. Ähnlich ist es mit fast allen Dingen, die süchtig machen. Für sich genommen, sind sie weder böse noch besonders schädlich, ja, sie können sogar heilen und helfen. Das Schreckliche an ihnen ist, daß unmerklich ein Zwang auftritt, der den ganzen Menschen beherrscht. Keiner merkt es, wenn aus einer Gewohnheit eine Zwangshandlung, eine Sucht geworden ist. Keiner will es sich eingestehen, daß er nicht mehr Herr seines Willens ist, sondern daß eine fremde Kraft ihn treibt. Erst wenn das Ding, der Gegenstand der Sucht, nicht mehr zu haben ist, merkt man, was inzwischen geschehen ist. Zu den großen Erschütterungen in der Zeit des Zusammenbruchs von 1945 zähle ich ein Erlebnis, als ich mit ansehen mußte, wie deutsche Offiziere in der Gefangenschaft sich um einen Zigarettenrest schlugen. Jeder weiß, was Raucher damals gelitten haben und was sie anstellten, um zu ihrem Ding zu kommen. Jeder weiß, daß Rauschgiftsüchtige fähig sind, Verbrechen zu begehen, um ihre Droge zu erhalten. Jeder könnte es wissen, welches unsagbare Elend der Alkohol verursacht. In der Bundesrepublik haben wir mehr als eine halbe Million Alkoholiker, also unheilbare Trinker, und hinter den meisten steht eine gequälte und unglückliche Familie.

Wir wollen hier nicht nur an die armen Kranken denken,

die in Anstalten leben müssen. Die Zahl der unter Aufsicht stehenden Süchtigen nimmt ständig zu, aber wir sehen sie ja nicht vor uns. Schlimmer ist noch das große Heer der Süchtigen, die nicht vom Arzt behandelt werden, denen das Ding an jeder Straßenecke angeboten wird, und die darum als ungefährlich gelten. Ich möchte mich vorsichtig ausdrücken: Es scheint so zu sein, als ob nicht nur die Zahl der Süchtigen, sondern auch die Gegenstände der Süchte immer mehr anwachsen. Jemand sagte, wir lebten im Zeitalter der Süchte. Jeder Mensch, der so an eine Gewohnheit gebunden ist, daß er sie nur mit Anstrengung oder eingestandenermaßen gar nicht lassen kann, ist süchtig. Das ist zwar medizinisch nicht ganz richtig, trifft aber den Sachverhalt. Die Liste enthält neben Alkohol, Nikotin, Rauschgiften und Drogen verschiedener Art auch Coffein, alle Gebiete des Sexus, besonders die geheimen Abarten und noch viel mehr. Ich wiederhole: Nicht das Ding an sich ist schädlich, sondern der falsche Gebrauch, der Mißbrauch. Er führt zur Herrschaft des Dinges über die Person. Wo aber ein Ding oder eine Gewohnheit einen Menschen beherrschen, da kann nicht mehr von Freiheit die Rede sein.

Wenn ich die Zigarette etwas genauer unter die Lupe nehme, dann nicht, um den Rauchern einen besonderen Hieb zu versetzen. An ihr kann man die Entstehung einer Sucht am besten studieren. Mich interessieren im Augenblick nicht der Verlust an Volksvermögen oder die gesundheitlichen Schäden, die durch Nikotin und Teer entstehen. Es hat einiges Aufsehen erregt, daß eine so zurückhaltende Behörde wie das englische Gesundheitsamt in einer öffentlichen Stellungnahme auf den bedrohlichen Zusammenhang von Zigarettenrauchen und Lungenkrebs hinwies. Das mögen die Fachleute aushandeln. Vorläufig bietet die Zigaretten-Industrie noch »Genuß ohne Reue« an. Mich interessiert eine andere Gefahr. Die Zigarette erscheint darum so gefährlich, weil sie heute jedermann ermöglicht, den Trieb augenblicklich zu befriedigen. Der noch halb unbewußte Wunsch kann durch einen schnellen Griff in die Tasche sofort abreagiert werden. Der Weg zwischen Wunsch und Befriedigung ist nur noch ganz kurz, eigentlich ist es schon ein Kurzschluß. Keine andere Begierde kann so schnell befriedigt werden. Essen und Trinken sind nicht immer zu haben, Rauschgifte bekommt man nicht ohne Mühe, die geschlechtlichen Begierden erfordern den Partner oder wenigstens die Heimlichkeit — aber die Zigarette ist immer und überall da und darf auch fast überall angezündet werden. Hemmungslos befriedigte Begierde macht sich auf eine merkwürdige Art selbständig und wird zur Sucht. Der Wille, der beim gesunden Menschen zwischen Wunsch und Ausführung noch die Funktion der Kontrolle und Entscheidung hat, wird praktisch kurzgeschlossen, weil für ihn gar kein Raum mehr da ist. Wunsch und Befriedigung fallen zeitlich fast zusammen. Später erzwingt dann die Sucht ihre Befriedigung auch gegen den Willen. Sie lähmt und zerbricht schließlich den Willen. Ein junger Mann sagte mir einmal: »Die Zigarette ist der Willensbrecher des Jahrhunderts!« Er wird nicht ganz unrecht haben.

Die Süchte zerstören die Person! Ist das zu scharf formuliert? Die erste Stelle, bei der die Zerstörung ansetzt, ist der Wille. Er wird gelähmt und dann zerbrochen. Das miterleben zu müssen, ist furchtbar. Der zweite Punkt, der angegriffen wird, ist das ethische Bewußtsein. Das fängt damit an, daß »es nicht so schlimm ist«. Gleichzeitig leidet die Entscheidungsfähigkeit.

Viele Männer und Frauen geben das alles zu, aber sie ahnen nicht, was das heißt. Sie meinen immer noch, die Schäden ließen sich lokalisieren, sie wären ja nur auf eine kleine Stelle ihrer jeweiligen Sucht begrenzt. Man kann da große Reden hören, in denen sich Selbsterkenntnis und Täuschung mischen. »Ja, ich bin ein Knecht der Zigarette. Wenn ich die nicht habe, steht die Familie auf dem Kopf. Aber sonst bin ich ganz normal.« Leider ist das nicht so. Die Person ist eine Ganzheit. Wenn der Wille eines Menschen an einer Stelle gegen sich selbst völlig versagt, wird er wahrscheinlich auch auf den anderen Gebieten nicht mehr ganz funktionsfähig sein. Wenn ein Mensch seine Sucht trotz besserer Einsicht für »nicht so schlimm« hält, dann wird das nach einiger Zeit wohl auch für andere schädliche und böse Versuchungen sein Leitsatz werden. Und wer nicht mehr gegen sich selbst und seine Begierde entscheiden kann, meinen Sie wirklich, daß der auf anderen Gebieten entscheidungsfähig ist? Wir hören und lesen immer wieder, daß man der jungen Generation (und nicht nur der jungen) Mangel an Interesse, Schwäche des Willens und Labilität der Haltung vorwirft. Wenn das so ist, dann wundere ich mich, daß keiner auf den Gedanken kommt, die Beziehung zwischen Süchtigkeit und labiler Haltung zu untersuchen.

Diese behutsamen Erwägungen sind in letzter Zeit durch die verheerenden Folgen des Rauschgift- und Medikamentenkonsums über den Haufen geworfen. Damit ist eine neue Lage entstanden, die der bekannte Psychotherapeut Dr. Affemann so darstellt: »Wenn wir auf politischem und pädagogischem Wege die Rauschmittelwelle nicht unter Kontrolle bekommen, wird sich meines Erachtens folgende Entwicklung anbahnen: Die Rauschwelle wird nur der Anfang einer totalen chemischen Steuerung des Menschen sein. Der Bürger der Konsumgesellschaft wird seelisch so leerbrennen, daß er seelische Erlebnisse durch pharmakologische Reizung seines Gehirns erzeugen muß; denn er bezieht das seelische Leben nicht mehr aus sich selbst. Heute nehmen wir ganz primitiv Haschisch, Marihuana, Heroin und andere Opiate. Und später werden wir gezielt durch Einnahme von Medikamenten sexuelle oder religiöse Erlebnisse, aktive oder passive Zustände erreichen. Wir befinden uns auf dem Wege einer totalen medikamentösen Steuerung. Der chemisch gesteuerte Mensch wird nicht mehr der Mensch des christlichen Abendlandes sein. Ich möchte sogar bestreiten, daß dieser Mensch noch in der Lage sein wird, zu lieben und zu glauben im Sinne von Vertrauen und Gehorchen.«

Wir sollten rechtzeitig die Riegel vorschieben und Befreiung suchen, solange sie möglich ist.

Das alles ist unvollständig und stichwortartig. Sie müssen das für Sie Richtige herausfinden und weiterdenken. Gerade auf diesem Gebiet, wo die Grenzen zwischen Gebrauch und

Mißbrauch, zwischen Gewohnheit und Sucht von außen her nicht zu bestimmen sind, liegen Gefahren. Mancher hat den Weg mit Gott tapfer angefangen und kommt nun nicht weiter. Die groben Sünden seines Lebens sind vergeben und bereinigt, aber der Weg wird mühsam, und man ist in Gefahr zu verzagen. Dann ist es Zeit, die Prüfung um eine Schicht tiefer anzusetzen. Dabei stoßen wir meist auf unser Ich, das um seinen Thron kämpft und seinen Herrschaftsanspruch in den Begierden und Süchten anmeldet. Aber wir sind zur Freiheit berufen! Gott will sie uns schenken. Es kommt darauf an, daß Sie ihm auch auf den bisher verharmlosten Gebieten Raum geben. Wo Vergebung ist, da entsteht Freiheit. Und wen der Sohn frei macht, der ist recht frei!

13. Vom Aberglauben

Professor Köberle sagte einmal: »Unsere Zeit ist in eminentem Ausmaß entsicherte Zeit!« Die große, wirklich weltweite Unsicherheit, das allgemeine Unbehagen und das, was dahinter steht: die Sinnentleerung des Lebens und die Einsamkeit der Einzelnen, alles dieses hat nicht nur eine Flut physischer und psychischer Störungen hervorgerufen, sondern hat zugleich eine Welle okkulter Praktiken in Bewegung gesetzt. Der Mensch ist heute nicht so ungläubig, wie man das oft sagt. Gerade die Unsicherheit der Gegenwart und die Furcht vor der Zukunft läßt viele nach einem irgendwie gearteten metaphysischen Halt greifen. Ich würde also nicht sagen, daß wir in einer Zeit des Unglaubens leben, aber man glaubt falsch. Der Glaube hat falsche Inhalte bekommen.

Man kann sich zu dem ganzen Gebiet der okkulten Praktiken oder, wie man summarisch sagt, des Aberglaubens, verschieden einstellen. Vor zwei Fehlhaltungen sollten wir uns hüten: vor der Unterschätzung — es ist nicht klug, das alles in Bausch und Bogen als Humbug und Geschwätz abzutun — und vor der Überschätzung, die hinter jedem schwierigen und undurchsichtigen Menschen eine dämonische Besessenheit sieht und überall den Teufel wittert. Beide Übertreibungen sind sicher falsch. Die modische Anschauung, die nur das als wirklich anerkennt, was unserem Verstand zugänglich ist und mit wissenschaftlichen Methoden nicht nur nachgewiesen, sondern auch begründet werden kann, wird rasch vorübergehen. Die Wirklichkeit ist größer.

Es gibt Mächte und Kräfte, die sich unserem naturwissenschaftlichen Denken entziehen, die aber zu unseren Diensten stehen, wenn wir es wünschen. Wir sind hier nicht daran interessiert, die Sachverhalte darzulegen oder möglichst genau zu erklären. Wer sich genau informieren will, muß gründlich nachlesen (ich empfehle dazu Koch, Seelsorge und Okkultismus).

Wir stellen zunächst fest, daß es außersinnliche Wahrnehmungen, Beeinflussungen und Erscheinungen gibt, die nachweisbar, aber nicht erklärbar sind.

Man kann auf spiritistischem Wege tatsächlich mit den Geistern von Toten in Verbindung treten. Es gibt Möglichkeiten, über bestimmte, dafür geeignete Personen Nachrichten aus dem Reich der Abgestorbenen zu bekommen. Tischrücken, Glasrücken und dergleichen sind nicht immer alberne Spielereien! Die Sache kann funktionieren.

Man kann tatsächlich Verborgenes aus der Vergangenheit, Gegenwart oder Zukunft durch okkulte Praktiken enthüllen. Das sind ja uralte Versuche und Erfahrungen, die auf dem Gebiete der Wahrsagerei mit Kartenlegen, Handdeutung, Astrologie, Rute und Pendel und vielen anderen Hilfsmitteln gemacht werden. Natürlich hat nicht jede alte Dame, die geheimnisvoll in ihrem Kaffeesatz herumrührt, hellseherische Begabungen. Aber es kann auch anders sein. Das Ausschlagen der Rute hat physikalische bekannte Gründe, aber bei der Pendelei ist die schmale Grenze zum Okkulten leicht überschritten. Man kann auch Menschen und Tiere besprechen. Schwarze und weiße Magie sind zwar alte Begriffe, aber sie werden in unserer Zeit der Atomwaffen und Raketen genauso praktiziert wie im »finsteren Mittelalter«. Und die Sache funktioniert! Man kann tatsächlich Warzen, Gürtelrosen und andere Krankheiten, die vom Arzt nur mit vieler Mühe behandelt werden, durch »Besprechen« heilen.

Ohne Zweifel gibt es auch außersinnliche Erscheinungen. Das sind nichterklärbare Phänomene, die sich aber objektiv nachweisen lassen. Ich sage das mit diesem Nachdruck, weil ich den Nebel zerteilen möchte, der durch spöttische Überlegenheit und generelle Urteile über diesem Gebiet liegt. Uns interessiert der Schaden. Zusammengefaßt: Wer jemals aktiv oder passiv mit einem okkulten Gebiet zu tun hatte, der ist nicht mehr frei! Was heißt das? Zunächst tritt eine merkwürdige psychologische Beeinflussung ein, die wir auf Schritt und Tritt beobachten können. In der heutigen Zeitung steht z. B. ein Bericht über den Selbstmord einer Frau und Mutter, der eine Kartenlegerin gesagt hatte, sie würde nicht alt werden. Nach vielfachen Versuchen ist ihr endlich der Selbstmord gelungen. Nehmen Sie einmal einem Autofahrer sein Maskottchen weg und werfen Sie es aus dem Wagen! Natürlich glaubt er nicht daran, aber nun ist er in Unruhe. Und die täglichen Horoskope in den Zeitungen? Sie werden verlangt und verschlungen und wirken viel stärker, als der aufgeklärte Verstand es zugibt. Diese Voraussagen sind geschickt aufgebaut (mathematisch nach der Wahrscheinlichkeitsrechnung) und beeinflussen Tausende von modernen, aufgeklärten Menschen, die längst ihren Glauben an Gott als veraltet und unmodern weggeworfen haben. Und Kartenlegerinnen? Die werden durchaus nicht nur von kleinen Leuten besucht. Ich kannte einen Finanzmann großen Formates, der sich auf diese Weise regelmäßig und verbindlich beraten ließ und der darauf schwor. Es gab Tage, an denen er sich ins Bett legte und nichts anrührte — weil der Berater es so gesagt hatte.

Über das alles könnte man zur Not noch hinwegsehen und es auf das Konto der menschlichen Dummheit setzen, die nie ausstirbt. Aber damit ist es nicht getan. Es handelt sich ja bei den okkulten Kräften nicht um Spielereien oder um Einbildungen, sondern um reale Mächte. Von den gegengöttlichen Mächten kann abstrakt und lehrhaft nicht viel gesagt werden. Die Bibel sagt, daß Gott der alleinige Herr ist und daß vor ihm alle anderen Mächte ohnmächtig und nichtig sind. Das bedeutet nicht, daß sie für den Menschen ein »Nichts« sind in dem Sinne, daß sie nicht vorhanden wären. Ob und wieviel diese Mächte über mich Gewalt gewinnen, hängt von meiner Stellung zu Gott ab. Wenn er mein Herr ist, der einzige Herr, dann sind alle Götter für mich entmächtigt, sie gehen mich nichts an, sind für mich sogar nichtexistent. Das wird sofort anders, wo Gott nicht alleiniger Herr eines Menschen ist. Das kann so aussehen, daß der Mensch Gott leugnet und sich seiner Herrschaft entzieht, es kann aber auch sein, daß er Gott theoretisch anerkennt, aber Teile seines Lebens in eigener Regie behält. Man kann ja gut und gern Gott seinen Herrn nennen, aber die Bereiche des Sexus oder des Berufes ganz eigenwillig verwalten. Wo Gott nicht Herr ist, gewinnen die anderen Mächte die Gewalt. Jedes Gebiet des Lebens, das nicht unter der realen Herrschaft Gottes steht, wird von den anderen Mächten besetzt und regiert. Die allgemeine Sexualisierung bedeutet zugleich eine Dämonisierung — und ist auch nur so zu erklären.

Es ist also uninteressant, sich darüber zu streiten, ob es gegengöttliche Mächte »an sich« hier gäbe. Wer nicht in Gott geborgen ist oder wer Teilbereiche seines Lebens wissentlich oder unwissentlich in eigener Herrschaft behält, der ist den anderen Göttern und ihren Kräften ausgeliefert. Von den Varianten ihrer Herrschaft haben wir geredet. Am Ende steht in jedem Falle die Zerstörung der Person.

Das ist nun sehr ernst. Ich bin fest davon überzeugt und habe es an Menschen erfahren, daß man sich verkauft, wenn man auf irgendeine Weise, und sei es auch ungläubig oder aus Spaß, das okkulte Gebiet betritt. Das ist nicht sofort spürbar — der Teufel wäre ein miserabler Taktiker, wenn er seinen Kaufpreis persönlich kassierte. Sein größter Sieg besteht eben darin, daß er sich selbst lächerlich gemacht hat, so daß er für aufgeklärte Leute nicht mehr vorhanden ist. Dr. Koch, dessen Buch ich empfohlen habe, hat die wohl umfassendste Sammlung okkulter Fälle nach allen Richtungen durchforscht und nennt folgende Schäden, die er beobachtet hat: Verkrampfung und Verbiegung des Charakters, überhöhte Leidenschaftlichkeit, auch in den Abarten des geschlechtlichen Gebietes, Hang zu Süchten, seelische Erkrankungen wie Zwangsdenken, Schwermut, Angstanfälle, Selbstmordgedanken bis hin zur Besessenheit und zu echten Geisteskrankheiten. Auf geistlichem Gebiet können antichristliche und antigöttliche Verkrampfung, bewußter Atheismus und Lästergedanken bis zum religiösen Wahnsinn die Folge sein. Dieser Aufzählung des Fachmannes ist nicht zu widersprechen. Ob die Schäden nun schwer oder weniger groß sind, eins kann man unbedingt sagen: Hier ist keine Freiheit mehr!

Die Befreiung kann nicht durch Aufklärung geschehen. Es geht ja nicht um eine Klärung unseres Wissens, sondern um eine Veränderung unserer Existenz. Das Wissen hat erstaunlich wenig Einwirkung auf die Existenz. Wenn ein Mensch nicht völlig unter der Herrschaft Gottes und im Geiste Jesu lebt, wenn er bewußt oder unbewußt im Ernst oder spielerisch mit den anderen Mächten umgegangen ist oder ihre Hilfe angenommen hat, dann steht er unter fremder Gewalt. Dahinter steht ein schwerer Ernst. Zu Israel hatte Gott gesagt: »Wer die Toten befragt, ist dem Herrn ein Greuel.« Auf Wahrsagerei und Astrologie stand im Volke Gottes die Todesstrafe. Die Magier hatten kein Daseinsrecht in Israel, denn »um ihretwillen kommt Gottes Zorn über sein Volk«. Es könnte sein, daß auch wir damit rechnen müssen.

Ich treffe immer wieder Menschen, die okkulte Praktiken, z. B. das Besprechen, darum verteidigen, weil es doch Erfolg hatte. Und weil es Erfolg hatte, muß es gut sein! Wenn böse Kräfte dahinterständen, dann würde der Mensch doch nicht gesund. Dazu ist zu sagen, daß körperliche Schäden vielfach nicht echt geheilt, sondern auf seelisches Gebiet abgedrängt werden. Und weiter: der Teufel kann auch Wunder tun! Als

»Affe Gottes« ist er jederzeit dazu bereit. Darum heißt es ja im Neuen Testament so deutlich: »Prüfet die Geister, ob sie aus Gott sind.«

Wieviele Menschen mögen auf diese Weise ihrer Freiheit beraubt worden sein! Sie leben wie jeder andere, denken vielleicht längst nicht mehr daran, daß sie einmal besprochen wurden oder die Kartenlegerin befragt haben. An einem Punkt wird es deutlich, daß sie festgelegt sind: Sie sind gehindert, sich für Jesus Christus zu entscheiden. Das ist keine Spintisiererei. Ich habe mehrfach erfahren, daß Menschen den Anruf Gottes vernehmen, ihm auch gern folgen möchten, aber wie mit Bleigewichten beschwert sind. Sie kommen zu keinem Entschluß, die Bibel ist ihnen widerwärtig, sie können auch nicht beten, weil ihnen die Gedanken davonlaufen. Auch für solche Bindungen gibt es Freiheit! Jesus Christus ist der Herr! Er kann alte Fesseln lösen, aber er will uns ganz für sich haben. Darüber muß geredet werden. Hier bietet die Beichte die entscheidende Hilfe der Absolution und Lossprechung. Wer Jesus Christus angehört, auf den haben die anderen Mächte kein Anrecht mehr.

14. Die Entscheidung

Unter den verschiedenen Fehlentwicklungen der Geistesgeschichte gibt es einen Grundirrtum, den ich als geradezu tödlich ansehe. Es ist die Aussage von der Autonomie des Menschen, die Meinung, der Mensch könne zwischen Gott und den anderen Mächten in einer selbständigen Existenz leben. Diese Vorstellung eines Niemandslandes zwischen dem Leben unter Gott oder unter seinem Widersacher hat Millionen von Menschen den Anschluß an das echte Leben gekostet. Sie ist wirklich ein Grund-Irrtum. Wir alle leben entweder aus dem Geiste Gottes oder unter der Herrschaft anderer Mächte.

Vor Jahren haben wir diesen Sachverhalt einmal einer Gruppe von Rußland-Heimkehrern klarmachen wollen. Wir hatten sie mit ihren Frauen in verschiedene Heime eingeladen, um sie ein bißchen aufzutauen und um ihnen den Eingang in das bürgerliche Leben zu erleichtern. Sie hatten in der Monotonie der Gefangenschaft nur noch in schmalen Bahnen gedacht. Langen und schwierigen Erörterungen konnten sie nicht folgen. Wir waren also zu äußerster Vereinfachung gezwungen und haben viel mit Tafel und Kreide gearbeitet. Als wir von der Entscheidung reden wollten, haben wir mit Kreide einen Strich quer durch den Raum gezogen, in dem wir im Kreise saßen. Dadurch waren wir geteilt; die Trennung bildete ein dünner Strich. Dieser Strich ist seitdem manchem im Gedächtnis haften geblieben. Er sollte ausdrücken: So wie jetzt der Raum und seine Menschen in zwei Teile geteilt sind, so gibt es zwei Bereiche. Die Bibel nennt den einen Bereich »Leben«, den anderen »Tod«. Die Trennung ist haarscharf. Zwischen beiden Bereichen gibt es kein Niemandsland. Darauf liegt das Gewicht.

Es gibt kein Niemandsland zwischen Gott und den anderen Mächten! Das ist eine der härtesten Aussagen, die ich kenne. Luther sagte das in seiner drastischen Sprache etwa so: Der Mensch ist wie ein Gaul, geritten wird er auf jeden Fall. Entweder er wird von Gott geritten, oder er wird vom Teufel geritten. Frei herumlaufen kann er nicht.

Ich weiß, wie sehr diese Aussage den Widerspruch reizen muß, weil wir dazu neigen, diese Dinge im Nebel stehenzulassen, um sie nicht zu Ende denken zu müssen. Wir scheuen uns vor den radikalen Folgen, die entstehen könnten, wenn die Herrschaft Gottes in unserem Leben verwirklicht werden sollte. Wir möchten aber auch beileibe nichts mit dem Teufel zu tun haben. So entsteht eine freundlich-positive religiöse Haltung, zu der Gott folgendes sagt: »Ich kenne deine Werke, ich weiß, daß du weder kalt noch heiß bist. O, daß du kalt oder heiß wärest! So aber, weil du lau bist und weder heiß noch kalt, will ich dich aus meinem Munde ausspeien.« Nein, hier geht es nicht um eine freundliche religiöse Haltung, hier geht es um eine Lebensfrage. Es geht um Leben oder Tod.

Genauso nennt es die Bibel. Sie redet ganz unbefangen davon, daß mitten unter uns Menschen herumlaufen, die tot sind. Diese Leute sind sehr munter, gesund und erfolgreich, aber von Gott her gesehen sind sie tot. Das ist mehr als ein sinnbildlicher Vergleich. Erinnern Sie sich an die Geschichte des Anfanges auf den ersten Seiten der Bibel? Gott stellte den Menschen in einen umfassenden Aufgabenbereich, aber er setzte seiner freien Gestaltung auch eine Grenze. Dahinter stand die Drohung des Todes, wenn die Grenze des menschlichen Verfügungsbereiches überschritten wurde. Der Mensch hat die Grenze nicht respektiert, aber er ist biologisch nicht an seinem Ungehorsam gestorben, sondern Gott vertrieb ihn aus seiner Nähe. Das also war der Tod: in der Entfernung von Gott existieren zu müssen.

In der Geschichte vom verlorenen Sohn wird berichtet, wie der jüngere Sohn eines großen Besitzers das Vaterhaus verließ, sein Erbgut durchbrachte und im Elend zur Besinnung kam. Als er heimkehrte, nahm ihn der Vater wieder auf und rechtfertigte sich gegen die Vorwürfe des älteren braven Sohnes: »Dieser mein Sohn war tot und ist wieder lebendig geworden.« Tot war er nicht erst in der Verkommenheit bei den Schweinen, sondern in dem Augenblick, als er jung und gesund und reich ausgestattet den Vater verließ. Und er wurde wieder lebendig, als er trotz seiner Lumpen wieder beim Vater ankam. Tod oder Leben sind also Zustände, die nicht von moralischen oder sonstigen Qualitäten, sondern von der Nähe oder Ferne Gottes abhängen. Wir müssen das zur Kenntnis nehmen: Die Bibel bezeichnet die Existenz eines gottfernen Menschen als tot und kennt nur ein Leben in der Nähe Gottes, in der Nachfolge Jesu. In diesem Sinne schrieb Johannes: »Wir wissen, daß wir aus dem Tode in das Leben hinübergegangen sind.« Das kann man also wissen!

Wenn das so ist, dann entsteht die wichtige Frage: Auf welcher Seite stehe ich? Das ist eine Frage, die jeder selber klären muß. Aber man sollte wirklich eine klare Antwort darauf finden, damit man handeln kann. Leider ist es nicht so einfach, daß auf der einen Seite die großartigen, anständigen, edlen und frommen und auf der anderen Seite die bösen, gemeinen und schlechten Leute sind. Noch weniger kann man die Menschen im Reiche der Finsternis auf hundert Meter an ihrer Bosheit erkennen. Hier gelten andere Werte als die handfeste, landesübliche Moral. Die Bibel fragt auch ganz anders danach. Paulus fand einmal auf seinen Reisen zu seiner eigenen Überraschung in einer heidnischen Stadt einen Kreis von Männern, die sich Jünger nannten. Er sah sich die Leute genau an, um feststellen zu können, wes Geistes Kind sie seien. Sie redeten viel von der Erinnerung an die großen Zeiten des Johannes, aber Paulus wurde nicht ruhig dabei. Er fragte sie nun nicht nach ihrem Glaubensbekenntnis oder nach ihrer Lehre. Seine Frage zerschnitt den Nebel: »Habt ihr den Heiligen Geist empfangen?« Eine gute Frage für unsere Untersuchung. Was würden Sie darauf antworten? Sie wären wahrscheinlich schockiert und peinlich berührt. Aber so fragt die Bibel.

Man kann die Frage auch anders stellen: »Sind Sie ein Christ?« Dann bekommt man verlegene, hilflose oder auch ärgerliche und aggressive Antworten. Warum ist diese einfache Frage so schwer zu beantworten? Steckt dahinter das alte Mißverständnis, ein Christ müsse eine unerhört gesteigerte menschliche Qualität aufweisen? Dann kann man natürlich bescheiden sagen, daß man sich »immer strebend bemühe«. Aber es geht gar nicht um unser Bemühen.

Im Neuen Testament wird die Lebensverbindung mit Jesus, also der christliche Glaube, manchmal mit der Ehe verglichen. Wenn man mich fragt, ob ich ein Ehemann bin, dann kann ich das mit ruhiger Gewißheit mit Ja beantworten, ohne eine Sekunde zu zögern. Und wenn man weiterfragt, wie ich zu dieser verdächtigen Gewißheit komme, dann kann ich sagen, daß ich mich noch genau an die Stunde erinnere, in der durch unsere vor einem Zeugen ausgesprochene und aktenkundig gemachte Entscheidung unsere Ehe begründet wurde. Außerdem können die Jahrzehnte unseres gemeinsamen Lebens nie ausgelöscht werden. Und schließlich: Wo ich auch bin, wird mir das Herz warm, wenn ich an meine Frau denke.

Wenn ich mit ruhiger Gewißheit sagen kann: »Ja, ich bin ein Ehemann«, dann bezeichnet das keine Qualität, sondern eine Seinsform. Ich kann ja ein guter oder ein miserabler Ehemann sein. Wenn ich mit der gleichen ruhigen Gewißheit bekenne, ein Jünger Jesu zu sein, dann ist das auch keine Aussage über eine Qualität, sondern über eine Seinsform. Ich kann ja ein schlechter oder ein weniger schlechter Jünger sein.

Und die Gewißheit des Christenstandes? Ich denke noch an den Tag, an dem ich vor einem Zeugen mein Leben an Jesus Christus übergab, und die Jahrzehnte des Lebens mit ihm können nicht ausgelöscht werden. Und schließlich: Gottes Geist bezeugt es unserem Geist, daß wir Gottes Kinder sind. So schrieb es der Apostel Paulus an die Gemeinde in Rom.

Wer ist also ein Christ? Wer sein Leben an den Herrn Jesus Christus ausgeliefert hat, wer das Angebot der Vergebung und Befreiung angenommen hat und nun vom Geist Gottes geleitet wird. »Alle, die vom Geist Gottes geleitet werden, die sind Söhne Gottes«, schrieb Paulus und stellte ebenso eindeutig fest: »Wenn jemand den Geist Christi nicht hat, so gehört er auch nicht zu ihm« (Römerbrief 8, 14 und 9).

Auf welcher Seite stehen wir? Einige wissen das sofort und stehen dazu. Diese Erkenntnis kann schmerzlich sein und wird manchmal resigniert, manchmal auch trotzig gesagt: Ich bin im Tode. Andere bekennen es freudig und dankbar, daß ihnen das Leben geschenkt ist. Am schwersten ist die Erkenntnis der eigenen Lage für die guten, bürgerlichen und kirchlichen Menschen. Sie haben ein manierliches Verhältnis zu Gott, d. h. sie lassen ihn respektvoll einen guten Mann sein, sie rufen ihn in Schwierigkeiten zur Hilfe heran, gehen zur Kirche, sogar zum Abendmahl — aber sie sind nie zum Leben hindurchgedrungen. Sie haben religiöse Überzeugungen und einen christlichen Standpunkt.

Diesen Standpunkt in Ehren, aber er kann gut und gern auf der falschen Seite stehen. Ich meine, daß der Teufel es sehr gern hat, wenn Menschen sich solch einen Standpunkt anlegen. Der wird mit Ausdauer gebaut und zementiert, wird mit den Jahren immer höher und fester, und dann steht der glückliche Besitzer darauf wie ein Säulenheiliger und entdeckt, daß er ganz einsam ist. Kein Mensch interessiert sich für seinen schönen Standpunkt, weil jeder vollkommen damit beschäftigt ist, an dem eigenen zu mauern. Das wahrhaft tragische ist, daß diese Säulenheiligen im Grunde die treuen und gewissenhaften Menschen sind. Aber auf ihren Standpunkten werden sie unfruchtbar. Wir finden sie auf Schritt und Tritt. Ihre Standpunkte tragen die Kennzeichen aller Lebens- und Wissensgebiete einschließlich der Religion. Der Teufel ist so großartig tolerant, daß er sogar religiöse Standpunkte duldet. Ich fürchte, er fördert sie sogar. Manchmal habe ich in christlichen Gruppen das beklemmende Gefühl, in einer Versammlung von Säulenheiligen auf einwandfrei christlichen Standpunkten zu sein. Was ist da falsch? Zu den schönsten Worten Jesu gehört: »Ich bin der Weg!« Er hat nicht gesagt: »Ich bin ein neuer, ein christlicher Standpunkt für euch!« Ein Weg muß gegangen werden. Es hilft nichts, ihn zu betrachten oder zu verteidigen. Der Weg ist lebendig, er führt weiter, immer weiter und immer näher einem Ziele entgegen. Auf dem Weg sind Kameraden, da ist echte Lebensgemeinschaft, da sind Brüder, die prüfen, wenn einer stolpert, die zufassen, wenn einer hinfällt, die an das Ziel erinnern, wenn einer müde wird. Der Weg ist gelebtes Leben. Ich bin nicht sicher, ob die Wegweiser, die von ihren Standpunkten aus mit ausgestreckten Armen und ernsten Gesichtern auf den Weg hinweisen, ihren Auftrag richtig verstanden haben. Wichtiger sind heute Weg-Genossen, die uns praktisch zeigen, daß der Weg gangbar ist, und die uns mitnehmen.

Bitte prüfen Sie nüchtern und tapfer, wo Sie stehen. Wenn Sie nicht sicher sind, auf dem Wege der Nachfolge zu sein, dann stehen Sie vor einer Entscheidung. Sie stehen an dem scharfen Trennungsstrich zwischen den beiden Bereichen des Todes und des Lebens. Entweder Sie sagen Ja zu Ihrer Existenz im Dunkeln — das wäre mindestens eine tapfere Haltung — oder Sie übergeben Ihr Leben in die Hand Jesu. Dann beginnt ein neuer Weg. Nur eins können Sie auf keinen Fall: in einem neutralen unverbindlichen Niemandsland leben. Diese Entscheidung kann uns niemand abnehmen. In der Bibel wird mit starken Worten davon geredet: »Sehet, ich lege euch heute Segen und Fluch zur Wahl vor!« Und: »Entscheidet euch heute, wem ihr dienen wollt. Ich aber und mein Haus, wir wollen dem Herrn dienen.« Wenn uns eine derart wichtige Entscheidung zugemutet wird, dann sind wir auch entscheidungsfähig und haben keine Möglichkeit auszuweichen.

In den ersten Zeiten der Christenheit lag diese Entscheidung in der Taufe. Da kamen die Sendboten in ein Dorf und brachten die Botschaft von Jesus Christus und den Ruf zur Nachfolge. Einige lehnten böse ab, einige lachten, andere wollten die Sache gern durchdiskutieren. Aber einige Hörer waren getroffen. Es wird berichtet: Sie kamen, bekannten ihre Sünden und ließen sich taufen. Man stellte sie in das Taufwasser und tauchte sie ganz unter. Als sie wieder auftauchten, bekannten sie das Grund-Bekenntnis der Christenheit: »Herr ist Jesus Christus.« Damit war nicht nur eine geistliche Entscheidung getroffen, sondern auch eine soziale Trennung, die häufig den Verlust des Vermögens und der gesellschaftlichen Bindungen mit sich brachte. Hier bestand kein Zweifel an dem, was da geschehen war. Seitdem man Säuglinge tauft, hat die Taufe diesen Entscheidungscharakter verloren. Säuglinge können sich nicht entscheiden, können kein »Angebot der Gnade« annehmen. Das Angebot bleibt bestehen, Gott wartet mit großer Treue, bis wir antworten und es annehmen. So heißt es im Bekenntnis der Reformation: »Von der Taufe wird gelehrt, daß sie nötig sei und daß dadurch Gnade angeboten werde« (Augustana IX). »Was hülfe dem Menschen auch das gnädigste Urteil Gottes, wenn er nicht von dieser göttlichen Wendung mit ihren Folgen in seiner eigenen freien Entscheidung herkäme, wenn er nicht selbst in dieser Entscheidung ein Christ allererst geworden wäre«, schrieb Karl Barth (Kirchl. Dogmatik IV/4).

Zu dieser eigenen freien Entscheidung, in der wir das Angebot der Vergebung und Befreiung und des neuen Lebens annehmen und uns ganz zu einem Leben der Nachfolge Jesu ausliefern, sind wir aufgerufen. Hilfreich ist es, wenn diese Entscheidung nach der ersten Beichte klar und bewußt in Gegenwart des Seelsorgers ausgesprochen wird: »Herr Jesus, ich übergebe Dir jetzt mein ganzes Leben.« Dann beginnt der Weg.

Es soll nicht verschwiegen werden, daß dieser Weg der Nachfolge Jesu gelegentlich schwierig ist und daß man auch hinfallen kann. Dann sind Freunde da, die helfen. Die freudige Gewißheit, ein Jünger Jesu zu sein, kann angefochten werden. Das bleibt keinem erspart. Aber man bleibt auch in der Dunkelheit nicht allein und macht die schöne Erfahrung, daß eine geduldig und tapfer durchgestandene Anfechtung uns stärker und gewisser werden läßt.

15. Von der Nachfolge

Die dargelegten Gedanken sollten dazu helfen, eine persönliche Beziehung zu Gott zu finden und zu festigen. Wir haben aber keinen Zweifel darüber gelassen, daß die Entscheidung eines Menschen, seine Hinwendung zu Gott, seine Umkehr oder Bekehrung oder wie wir es nennen wollen, niemals das Ziel, sondern immer nur der Anfang eines Weges sein kann. Alle unsere Bemühungen um Menschen wollen nicht Anhänger für eine Konfession oder für eine Idee werben, sondern wollen zur Nachfolge Jesu aufrufen. Wenn er gesagt hat: »Ich bin der Weg«, dann ist es unsere Sache, diesen Weg zu gehen. Weniger wichtig ist es, den Weg zu betrachten, zu verteidigen und zu diskutieren. Was nicht zur Nachfolge Jesu wird, das stirbt in uns ab und wird dann wahrscheinlich zu toten Gewohnheiten, zu sentimentalen Randverzierungen des Lebens oder zu einem Punkt der Rechthaberei. Jesus sucht nicht Nach-Redner, sondern Nachfolger.

Was heißt Nachfolge Jesu? Jesus hat zu allen Zeiten Menschen angeredet und zu ihnen gesagt: »Folge mir nach!« Er meint damit genau das, was das Wort ausdrückt: nachfolgen, also hinter ihm herlaufen. Das ist wirklich so einfach gemeint. Schwierig wird es für uns moderne Menschen, wenn unser Glaube sich weniger auf die Person des lebendigen Herrn Jesus Christus, als auf bestimmte Lehrsätze richtet. Wenn wir vom Glauben reden, dann meinen wir genau festgelegte Aussagen über Gott, den Vater, den Sohn und den Heiligen Geist, über Schöpfung, Erlösung und Heiligung — das alles »glauben« wir, das vertreten wir mit Ernst und Überzeugung und bemühen uns, es immer besser zu erkennen. Schließlich haben wir das ganze Lehrgebäude sorgfältig gelernt und halten alles für wahr und richtig, aber wir kommen in unserem geistlichen Leben nicht vorwärts. Wir merken, wenn wir noch einen Funken echter Selbsterkenntnis besitzen, daß wir zwar gläubige, fromme und ehrlich bemühte Leute, aber doch Theoretiker sind. Der Fehler liegt an einer ganz bestimmten Stelle: Unsere großartigen und völlig richtigen religiösen Erkenntnisse und unser ganzes christliches Lehrsystem beschäftigen uns so sehr mit ihrer intellektuellen Erfassung und Verfeinerung, daß von einer Nachfolge nicht mehr die Rede sein kann. Wenn wir es ehrlich überlegen, dann entdecken wir, daß Nachfolge in dieser Form gar nicht möglich ist. Religiöse Erkenntnisse kann man wie Weltanschauungen und Ideen erfassen, man kann sich von ihnen begeistern lassen und kann sich sogar mit großem Eifer für ihre Verbreitung einsetzen. Aber das ist keine Nachfolge. Diese hat es allein mit der Person Jesu zu tun! Nachfolge ist das ganz persönliche Gehorsamsverhältnis zum lebendigen Herrn Jesus Christus.

Wie beginnt die Nachfolge? Es ist gefährlich, einen Menschen zu den gleichen Schritten zwingen zu wollen, die man selber gegangen ist, auch wenn sie sich als richtig erwiesen haben. Gott hat eine so hohe Meinung von der Eigenart und Einmaligkeit jedes Menschen, daß er jeden Einzelnen ruft und seinen eigenen Weg mit ihm geht. Am Anfang der Nachfolge steht immer der Ruf Gottes, nicht die eigene Entscheidung. Keiner kann sich selber rufen, sonst ist er sicher nicht berufen. Dieser Ruf ergeht in sehr vielfältiger Form und oft an Stellen, wo man es gar nicht vermutet. Dabei kann es geschehen, daß wohl der Ruf, nicht aber der Rufer erkennbar wird. Mancher wird angerufen und meint, eine besondere Notlage oder die Ausweglosigkeit seiner Situation zwinge ihn zur Besinnung. Andere werden von einem hohen Ziel angezogen oder von einer großen Verantwortung abgeschreckt. Gott kann das alles benutzen, um Menschen wachzumachen. Wir haben dann die Aufgabe, diese unruhigen Gewissen ganz allein auf Jesus hinzuweisen und ihn als den Rufer Gottes zu zeigen.

Auf den Ruf Jesu gibt es nur eine richtige Antwort: den Gehorsam. Oft suchen wir dann bewegende Gefühle oder großartige Erkenntnisse, aber Gefühle sind trügerisch, und echte Erkenntnisse liegen immer erst hinter dem Gehorsam. Viele wissen sich berufen, aber sie quälen sich damit herum, nicht glauben zu können. Nun ist es ja nicht so, daß Gott Menschen ruft und ihnen dann das Geschenk des Glaubens aus geheimnisvollen Gründen versagt. Jeder, der an dieser Stelle nicht weiterkommt, ist nach seinem Gehorsam gefragt. Gehorsam ist die Voraussetzung des Glaubens! Was Gott als praktischen ersten Schritt des Gehorsams von uns fordert, ist meist nicht schwer herauszufinden. Vielleicht ist in der Stille die Notwendigkeit einer umfassenden Beichte klargeworden? Wir scheuen diesen Schritt des Gehorsams und wundern uns dann, daß unser Herz nicht zur Ruhe kommt. Oder uns ist deutlich gesagt worden, daß wir eine alte Verfehlung in Ordnung bringen müssen, daß wir eine sündige Gewohnheit loslassen oder eine falsche Verbindung trennen sollen, aber wir tun es nicht. Und dann beklagen wir uns, daß wir nicht glauben können. Treiben wir da nicht ein merkwürdiges Spiel mit dem heiligen Gott? Wir wissen genau, was wir bereinigen sollen, aber wir beharren im Ungehorsam und beten dafür eifrig um den Glauben und um die Führung des Heiligen Geistes. Ein bekannter Prediger sagte einmal zu Männern der Wirtschaft: »Die Tatsache, daß Sie nicht glauben können, liegt nicht an Ihren intellektuellen Schwierigkeiten gegenüber den Aussagen der Bibel, sondern wahrscheinlich an Ihrem unsauberen Verhältnis zu Ihrer Sekretärin!« Das war hart, aber deutlich. Bonhoeffer sagte: »Der Ungehorsame kann nicht glauben. Nur der Gehorsame glaubt.« Der erste Schritt des Glaubens ist immer ein Wagnis, aber er schafft den Raum, in dem geglaubt werden kann. Die weiteren Schritte in der Nachfolge Jesu erwachsen dann aus dem Glauben.

Ich habe miterlebt, wie für Menschen das Tor zu einem neuen Leben aufgestoßen wurde. Sie haben sich »bekehrt« wie das ein alter, durchaus richtiger Ausdruck nennt. Dann gingen sie in ihre gewohnten Lebensumstände zurück, versuchten es ehrlich, mit Gott zu leben und wurden nach manchen guten und vielen schlechten Erfahrungen doch müde und resigniert. Nach einiger Zeit hörte man nichts mehr von ihnen. Woran mag das liegen?

Es kann sein, daß diese Menschen bei ihrer Umkehr keine radikale Buße, sondern nur ein religiöses Erlebnis als Grundlage hatten. Die echte Buße umfaßt eine völlige Abkehr vom alten Wesen und eine konsequente Hinwendung zu Gott. Zur radikalen Abwendung vom Alten gehört fast immer eine gründliche Beichte und die Bereinigung des alten Lebens. Zur Konsequenz der Hingabe gehört, daß Leib, Seele und Geist und nach und nach alle Gebiete des Lebens einschließlich Zeit, Kraft und Geld für Gott zur Verfügung gestellt werden. Dazu braucht der junge Christ Hilfen. Billy Graham, der bekannte Evangelist, sagte einmal: »Wir brauchen nur zehn Prozent unserer Kraft, um einen Menschen zur Bekehrung zu führen, aber neunzig Prozent der Kraft sind nötig, um ihn auf den rechten Weg zu bringen und dort zu halten.« Wir dürfen nicht vergessen, daß die Umkehr erst eine Tür öffnet und daß alle geistigen und körperlichen Gewohnheiten des Anfängers auf dem Wege noch zugunsten des alten Lebens, praktisch also des Teufels, sprechen.

Zur Nachfolge gehört eine Einübung ins Christentum. Das

ist nicht im Handumdrehen getan. Wir wollen uns mit einer Reihe von Fragen beschäftigen, die auf dem Wege der Nachfolge an uns herankommen. Aber eins soll schon jetzt gesagt sein: Nachfolge ist keine Last, keine neue Verpflichtung zu schweren und drückenden Aufgaben, sondern Nachfolge Jesu ist der Weg in die Freiheit. Wer hinter Jesus und ganz allein hinter ihm hergeht, der wird frei von den lastenden Verpflichtungen des »Du sollst« und »Du mußt«. Wer mit gesammelter Aufmerksamkeit täglich allein auf sein Wort hört und dieses Wort betend bewegt, der wird frei von den vielen Meinungen und Anschauungen, die uns beschlagnahmen wollen. Jesus redet zwar auch von einer Last, die er auflegt, aber er sagt zugleich: »Mein Joch ist sanft, und meine Last ist leicht.« Die Gebote Gottes sind hart, wenn man sich dagegen wehrt, und sie führen zur Verzweiflung, wenn man sich mit eigenen Kräften daran abmüht. Aber in der Nachfolge Jesu, in der man sich ganz seiner Liebe und seinem Willen ergibt, ist das anders. Der altgewordene Jünger Johannes schrieb als Erfahrung seines Lebens: »Seine Gebote sind nicht schwer.« Jesus macht keine Gewaltkuren mit uns, er ist kein Inquisitor, der Menschenseelen mit Druck und Zwang in eine bestimmte Richtung bringen will. Er fordert nichts, ohne die Kräfte dazu zu geben, es auch zu tun. Er legt keine Last auf, ohne genau und liebevoll geprüft zu haben, ob wir sie tragen können.

Wir wissen nicht, wohin der Weg der Nachfolge führen wird. Es kann sein, daß wir als kleine Lichter in der allgemeinen Dunkelheit still und beharrlich unseren Auftrag zu erfüllen haben. Vielleicht ist aber auch mancher dazu berufen, große Dinge in der Öffentlichkeit zu tun. Das wissen wir nicht vorher. Das zeigt sich erst im täglichen Gehorsam. Wir wissen nicht, was morgen unser Auftrag, unsere Freude, unser Leid sein wird, aber wir wissen genau, daß alles schon heute in seiner Hand liegt, und darum können wir ohne Sorge sein. Wir sind Unternehmer, Angestellte und Arbeiter, Techniker und Beamte, Frauen und Mütter und tragen redlich unsere

Verantwortung innerhalb unserer Arbeitswelt — und sind zugleich und indem wir das alles tun, Gemeinde Jesu, die ihm nachfolgt. Wir wissen, daß diese Weltzeit zu Ende geht, aber wir arbeiten und bauen, gestalten und verwalten gehorsam und mit der gleichen Sorgfalt, als wären wir für den Bestand der nächsten tausend Jahre verantwortlich.

16. Von den Haushaltern Gottes

In einem Menschen, den Jesus als Jünger angenommen hat, beginnt in der Tiefe seines Wesens etwas Neues. Die Vergebung, die wir erfahren haben, greift tief in unser Wesen ein und entzündet ein neues Leben wie eine kleine Flamme: »Das Alte ist vergangen, siehe, ein Neues ist entstanden!« (2. Korinther 5, 17). Das ist das Werk Gottes, der uns mit sich selbst versöhnt hat. Das neue Leben muß nun gehütet werden, es muß Raum gewinnen, damit es nach und nach den ganzen Menschen durchleuchtet und seinen Umkreis erhellt.

Zum Geschenk Gottes tritt von unserer Seite die Einübung. In uns beginnt ein neues Denken, das ist nicht schlagartig und fertig da. Das Unterbewußtsein eines Menschen, der jahrzehntelang in natürlichen, also durch und durch eigensüchtigen Bahnen gedacht hat, ist geprägt und muß umgezogen werden. Das erfordert meist viele kleine Schritte der Einübung, bis neue, geheiligte Denk- und Lebensgewohnheiten entstanden sind. Gott erzieht uns dazu, wenn wir immer wieder den eigenen Willen mit seinem Willen in die gleiche Richtung bringen lassen.

Zum neuen Denken gehört auch der Begriff der Haushalterschaft. Er besagt, daß der Mensch nicht mehr Herr über sich selbst und seinen Lebenskreis ist, sondern daß er selber mit allem, was er ist und was er hat, im Dienste eines größeren Herrn steht, dem er Rechenschaft schuldet. Das ist ein ganz und gar unnatürlicher Gedanke, der den Rahmen der religiösen Bedürfnisse sprengt und nur dem Menschen zugemutet werden kann, der Jesus nachfolgt. Es ist richtig, daß der natürlich denkende, also auf sich selbst bezogene Mensch sich dagegen wehrt. Man kann ja auch nicht die Bergpredigt allgemein zur moralischen Richtschnur für alle Menschen machen, sie ist und bleibt Hausordnung der Kinder Gottes.

Die Bezeichnung »Haushalter« ist uns fremd geworden. Wir können auch nicht leicht ein Wort unserer Umgangssprache dafür einsetzen. Jesus hat öfter von Haushaltern geredet. Zu seiner Zeit verstand man, welche hohe Stellung und Verantwortung damit verbunden war. Der Haushalt (oikos) der Antike war ein großes, manchmal sehr großes Unternehmen und umfaßte nicht nur die Eltern und ihre Kinder, sondern den Großteil der nicht selbständigen Verwandtschaft mit oft Hunderten von Sklaven und gewaltigen Viehherden. An der Spitze stand der Hausherr mit unbeschränkter Gewalt. Die eigentliche und praktische Leitung des Unternehmens lag in den Händen des Haushalters, des oikonomos. Er hatte einen besonderen Rang und große Verantwortung. Das wird klar an den Berichten von Elieser, dem Haushalter der Großfamilie Abrahams. Als kein Sohn geboren wurde, setzte Abraham seinen Haushalter als Erben ein. Für den Sohn, der dem alten Abraham dann doch noch geschenkt wurde, holte Elieser in eigener Verantwortung und ohne Beteiligung Isaaks die Frau aus dem heimatlichen Stamme.

Wenn Jesus seine Leute als Haushalter Gottes in dieser Welt sieht, dann bedeutet das eine unerhörte Würde und eine große Befreiung.

a) Die Würde: Jesus mutet uns zu, daß wir in unseren Lebensbereichen selbständig denken und handeln, daß wir Initiative entfalten und im gesetzten Rahmen Entscheidungen vorbereiten und treffen. Er mutet uns zu, daß wir Verhältnisse und Menschen richtig einschätzen und als verantwortliche Persönlichkeiten handeln. Dabei ist das Risiko einer falschen Entscheidung und das Wagnis von Verlusten einkalkuliert. Die Richtlinien, die die Haushalter in den Geschichten Jesu bekommen, enthalten keine Warnungen und keine Einengungen.

Ihnen wird nur gesagt, daß sie mit dem anvertrauten Gut arbeiten sollen, bis der Hausherr von ihnen Rechenschaft fordern würde.

Im Auftrag Jesu liegt also schon der Vorschuß an Vertrauen. »Er hat mich für treu erachtet, als er mich in seinen Dienst einsetzte«, schrieb Paulus einmal mit großer Dankbarkeit (1. Timotheus 1, 12).

Die Großzügigkeit, mit der Jesus seine Jünger behandelt, kann uns überwältigen. Er mutet uns etwas zu und macht uns nicht zu ferngesteuerten Automaten. Der Christ in dieser Welt ist kein lebensfremder Neurotiker, der in tausend Tabus erstickt. Uns sind nicht die kleinsten Schritte vorgeschrieben, so daß wir schließlich das Gehen verlernen.

Wenn wir in dem uns anvertrauten Bereich als Haushalter Gottes arbeiten und planen, sind Verluste und Schäden eingerechnet. Sobald wir aber in Gefahr kommen, bedrohliche Fehler zu machen, kann Gott uns warnen. Er tut es genauso, wie es die Apostelgeschichte berichtet (Kapitel 16), wo gut vorbereitete Reisen abgebogen wurden, weil »sie vom Heiligen Geist gehindert wurden« oder weil »der Geist Jesu es ihnen nicht gestattete«. Wenn wir heute in der Stille unsere Aufgaben und Pläne vor Gott ausbreiten, dann kann es auch passieren, daß wir innerlich gehindert werden und ein Gefühl starker Warnung empfinden. Dann ist das ein Zeichen dafür, daß die ganze Sache nicht entscheidungsreif oder falsch geplant ist.

Nur eines ist dem Haushalter Gottes nicht erlaubt: sich selbst zum Herrn zu machen! Er bleibt in der Spannung der Verantwortung, zu der er jederzeit gerufen werden kann. Wir haben Prokura, aber wir sind nicht die Chefs.

b) Vom Gedanken der Haushalterschaft kann eine große Befreiung ausgehen. Man überlege: Gott hat mich als Haushalter über einen Bereich eingesetzt. Er selber hat mich ausgestattet mit bestimmten Gaben und Kräften und hat mir andere verweigert. Meine Art und Ausstattung und mein Lebensbereich ist von Gott gegeben, nicht von mir ausgesucht.

Die Folge ist, daß ich endlich ja sagen kann zu mir selbst,

zu meinen Anlagen und auch zu meinen Begrenzungen. Gott hat sein Ja gesagt zu meinem So-Sein und zu meiner Welt. Also kann ich es lernen, auch ja dazu zu sagen.

Das bedeutet mehr als wir ahnen. Heute geht eine Welle millionenfacher neurotischer Erkrankungen als Seuche unserer Zeit durch die Menschheit. Die Ursache liegt fast überall in der Unfähigkeit, zu sich selbst und zu seinem Leben ja zu sagen, sich selbst und seine Welt anzunehmen und zu gestalten. Wer zu sich selbst nein sagt, ist allergisch gegen seine eigene Art und wird lebensunfähig. Es kann kaum ausbleiben, daß er in eine neurotisch bedingte Krankheit ausweicht.

Das Ja des Haushalters Gottes gehört zum Prozeß des Heilwerdens, zur Integration. Das verweigerte Ja, also das Nein zum eigenen Leben, schafft einen Dauerkonflikt, den keiner aushalten kann.

Das wäre zu lernen. Weil Gott ja zu mir sagt, weil Jesus in jeder Absolution sein Ja zu mir bestätigt, darum kann ich es lernen, dankbar ja zu mir, zu meinem Leben und zu meiner Aufgabe zu sagen.

Das gilt für einzelne und für Völker. Wenn ein Volk dem anderen das Ja zu seinem Lebensrecht verweigert, kann kein Friede sein. Die Politiker können sich viel Mühe geben, zu den Völkern des Ostens Brücken zu bauen, aber diese Brücken hängen in der Luft, solange wir zu diesen Völkern, zu ihrer Art, ihrer Wirtschaft und ihrem Lebensraum nein sagen.

Es wäre die Frage zu untersuchen, was uns als Haushaltern Gottes anvertraut ist, wie unsere Aufgabe also praktisch aussieht. Leider erlauben die spärlichen und zum Teil sehr zeitbedingten Anweisungen des Neuen Testamentes es nicht, daraus eine geschlossene christliche Ethik zu entwickeln, die uns für jeden Fall genau sagt, was wir zu tun haben. Vom Gedanken der Haushalterschaft her können wir aber in Form von Modellen einiges zur Aufgabe des Christen in der Welt sagen.

Bei diesen Denk-Modellen, die wir besprechen wollen, ist darauf zu achten, daß jeweils zwei Bereiche gleichzeitig zu sehen sind: die individuellen Fragen und Verhältnisse und die großen Probleme der Zeit. Wenn wir nur an unser persönliches Leben und seine Gestaltung denken, verengen wir die Frage zu einer Individual-Ethik. Beschäftigen wir uns aber nur mit den großen Problemen der Zeit und überspringen dabei die Person, dann gelangen wir in die Uferlosigkeit allgemeiner Theorien.

Aus der übergroßen Zahl der uns anvertrauten Gaben und Kräfte wollen wir modellartig behandeln:

1. die Gesundheit
2. die Zeit
3. materiellen Besitz
4. menschliche Beziehungen
5. die Freiheit der Demokratie

Zu 1. Die Gesundheit ist ein anvertrautes Gut, über dessen Verwaltung wir Rechenschaft abzulegen haben. Das wäre ein neuer Gesichtspunkt für moderne Menschen. Junge Leute werden anders denken, weil sie nur schwer einsehen, daß ihre Kräfte einmal nicht mehr voll zur Verfügung stehen werden. Es scheint heute so zu sein, daß nicht nur der Friede von der Erde genommen ist, sondern auch die Gesundheit. Ernsthafte Stimmen behaupten, daß es kaum noch gesunde Menschen gäbe, daß alle mehr oder weniger krank und gestört seien. Man weiß heute sehr viel von den Zusammenhängen zwischen seelischer Unordnung und körperlicher Krankheit. Man weiß wieder, daß der Mensch als Ganzes entweder heil oder gestört ist. Das ist nichts Neues. Zinzendorf sagte 1744: »Die Krankheiten in der Gemeine entspringen zuerst in dem Gemüt. Daß das Gemüt eine erstaunliche Wirkung auf den Körper hat, ist gewiß.« Er war aber Realist genug, um zu raten: »Den ordentlichen Arzt fragen, damit die Leibeshülle als Werkstatt, darin es sich für den Heiland arbeiten läßt, solange es nötig ist, bequem zusammengehalten werde.«

Wenn meine Gesundheit ein kostbares, von Gott zur Verwaltung anvertrautes Gut ist, dann ergeben sich daraus ganz von selbst die Richtlinien: sorgsame Pflege, aber keine Verweichlichung. Im allgemeinen denken wir zu wenig daran, bis die ersten empfindlichen Störungen kommen. Dann wird man sein eigener Krankenwärter.

Das alles ist leicht gesagt, aber schließlich sind wir alle so überlastet, daß kaum noch einer an seine Gesundheit denken kann. Diese allgemeine Klage ist eine halbe Wahrheit. Ich bin nicht davon zu überzeugen, daß es Gottes Wille ist, daß wir uns totarbeiten. Kein Betrieb ist daran interessiert, daß seine Mitarbeiter vorzeitig mit Herzinfarkt oder als Invaliden ausscheiden. Der allgemeine Mißbrauch der Gesundheit ist dumm, unwirtschaftlich und sündhaft. Er hängt mit dem ideologischen Leistungsbegriff und mit der Vergötzung der Arbeit zusammen und zugleich mit der Unfähigkeit, Verantwortung rechtzeitig zu delegieren. Man hält es für ehrenhaft, sich totzuarbeiten und setzt seinen Stolz darein, unersetzlich zu werden. Darum hält man die Arbeit fest oder kontrolliert sie wenigstens so intensiv, daß man sie mit dem gleichen Kraftaufwand auch selber tun könnte. Eines Tages ist dann der brave Apparat der Gesundheit überdreht und »zurück bleibt die Kollegenschar, für die er unersetzlich war, samt einem ganzen Zeitungsband mit schönem Text und Trauerrand«.

Wer seine Gesundheit ruiniert, handelt gegen ein elementares Gebot Gottes. Das gilt auch für Pfarrer, Ärzte, Lehrer und sonstige Berufe im Dienste des Menschen. Alles Reden von Nachfolge Jesu ist blasse Theorie, solange man mit der eigenen Gesundheit, der Voraussetzung des Dienstes, fahrlässig umgeht. Dazu einige Fragen — in der Stille zu bedenken —: Ist in unserem Leben das Verhältnis von Arbeit und Ruhe ausgewogen? Ermüdung läßt sich ja durch Ruhe ausgleichen, Erschöpfung nicht.

Wie steht es mit unserem Feierabend? Sind wir überhaupt noch fähig, den Abend zu »feiern«?

Wann geht in unserem Hause das Licht aus?

Wie werden wir mit dem Überangebot von Genußmitteln in vernünftiger Weise fertig?

Dazu kommt das Zeitproblem: Die Gesundheit ist eine Weltfrage geworden. Wir werden viel älter als frühere Generationen. Sind wir gesünder? Oder ist die neue Seuche der neurotischen Erkrankungen nur eine Ablösung für die besiegten klassischen Seuchen? Das Lebensalter wird verlängert, aber das Alter, in dem der arbeitende Mensch als Invalide aus dem Arbeitsprozeß ausscheidet, rückt immer weiter voran. In der Bundesrepublik wird der Durchschnitt der Arbeiter mit etwa fünfzig Jahren arbeitsunfähig. Was macht ein solcher Mann mit den noch möglichen zwanzig oder fünfundzwanzig Jahren seines Alters?

Der Haushalter wird diese Entwicklung nicht ändern, aber er kann selber ein Beispiel geben, wie man seine Gesundheit verantwortlich verwaltet.

Zu 2. D i e Z e i t ist anvertrautes Gut. Darüber wäre ein trauriges Lied zu singen. Wer hat denn heute noch Zeit? Es ist doch fast schon unanständig, wenn ein Mensch zugibt, daß er Zeit hat. Er ist irgendwie nicht ausgelastet oder er ist verdächtig leichtfertig. Der ernsthafte Mensch ist heute maßlos überanstrengt, beansprucht und gehetzt. So will es der gute Ton. Darüber läßt sich leicht spotten; über die komische Seite des gehetzten Menschen liegt Material genug vor. Aber das ist nur die eine Seite des Problems. Die andere Seite ist sehr ernst. Die Zeitnot ist eine echte Not! Sie führt nicht nur zu allen möglichen Krankheiten, sondern sie ist bereits ein kranker Zustand. Das ist ein Weltproblem.

Der Haushalter Gottes hat auch nicht mehr Zeit als andere Menschen. Auch er muß im Tempo der Zeit arbeiten. Aber er kann seine Arbeit mit ruhigerem Herzen tun und verbraucht nicht große Teile seiner Kraft in der Überwindung unsinniger innerer Spannungen. Seine Aufgabe als Haushalter Gottes besteht nicht etwa darin, noch mehr zu tun und noch mehr Arbeit in den ohnehin überfüllten Tag zu stopfen. Er lernt es, anders mit seiner Zeit umzugehen:

a) Er lernt, daß Zeit ein anvertrautes Gut ist. Also brauchen wir uns nicht von ihr jagen zu lassen. Wir dürfen sie aber auch nicht vergeuden. Zeit ist ein kostbares Gut. Das merken wir, wenn wir älter werden. Wem ich heute einen Teil meiner Zeit widme, dem schenke ich ein Stück vom Rest meines Lebens.

b) Der Haushalter Gottes lernt, seine Zeit richtig einzuteilen. Das geschieht am Morgen in der Stille vor Gott. Wenn er in dieser stillen Stunde die Aufgaben des Tages vor Gott durchdenkt, dann gewinnt er einen Durchblick. Der Berg der Arbeit lichtet sich und ängstet ihn nicht mehr. Im Nachdenken vor Gott scheidet sich das Wesentliche seiner Aufgaben von dem nur Wichtigen oder Unwichtigen. Und im Laufe des Tages kann der Haushalter immer wieder einige Minuten der Besinnung einschalten und neu prüfen, was jetzt Vorrang hat. Auf diese Weise arbeitet er in der Geborgenheit des Herzens ohne die ängstende Hetze, die sonst das Tempo diktiert.

c) Der Haushalter lernt, das Wesen der Zeit richtiger zu sehen und einzuschätzen. Der abendländische Zeitbegriff, nach dem die Zeit in Einheiten eingeteilt wird, die immer gleichbleiben, ist rechnerisch richtig, aber lebensmäßig falsch. Es stimmt doch nicht, daß eine Stunde genau so lang ist wie jede andere. Fragen Sie einen Examenskandidaten, wie lange er vor der Tür des Prüfungszimmers gewartet habe. Er wird beteuern, es sei eine Ewigkeit gewesen, aber es war nur eine halbe Stunde. Manche Stunden unseres Lebens haben unvergleichliches Gewicht, andere fliegen davon wie Blätter im Winde.

Der biblische Zeitbegriff des kairos bezeichnet die richtige Zeit, die von Gott bestimmte Stunde. Beide Begriffe, der quantitative und der qualitative, gehören zusammen. Es wäre auch in der Arbeit wichtig, es herauszufinden, wann die richtige Stunde für eine Aufgabe gekommen ist und wann sie nicht gegeben ist. Im rechten Augenblick öffnen sich die Türen wie von selbst. Dieselbe Aufgabe in der falschen Stunde angefaßt, kommt nicht vom Fleck. Das wäre in der Stille vor Gott zu erfragen und herauszufinden und müßte für den modernen Menschen von größtem Interesse sein. Erst der Haushalter Gottes lebt und arbeitet wirklich zeitgemäß und rationell und ohne unsinnigen Kraftverschleiß.

Zu 3. Materieller Besitz ist anvertrautes Gut, das wir zu verwalten haben und für das wir einmal Rechenschaft abzulegen haben. Der moderne Begriff für den Verwalter großer Vermögen heißt Manager. Er trifft den Sachverhalt ziemlich genau.

Bei kleinem Besitz wird man vielleicht einverstanden sein, ihn in der Verantwortung vor Gott zu verwalten. Das macht keine großen organisatorischen Schwierigkeiten, und Spenden und Opfer für das Reich Gottes plant man in die Ausgabenliste ein.

Wie ist es mit dem Reichtum? Unter den Christen geht das Mißverständnis um, man dürfe eigentlich nicht reich sein. Reichtum sei böse, der Christ sollte eigentlich arm sein. Aber wie arm? Wie hoch darf mein Sparkonto anwachsen, bis es theologisch anfechtbar wird?

Jesus hat nicht vor dem Besitz an sich gewarnt. Er hat mit den Reichen geredet und hat sie gewarnt, wenn ihr großer Besitz sie innerlich knechtete, wenn er nicht mehr seine soziale Funktion erfüllte und wenn mit Reichtum Macht ausgeübt wurde.

Der Haushalter Gottes verwaltet eigenen oder fremden, großen oder kleinen Besitz in Freiheit und Verantwortung.

Bei diesem Thema stoßen wir auf eine Reihe ungelöster Zeitprobleme, die wir wenigstens bedenken wollen:

a) Die Eigentumsfrage ist nicht endgültig gelöst. Die beiden in der östlichen und westlichen Welt praktizierten Eigentumsbegriffe, der sozialistische und der liberale, sind beide falsch, wenn sie extrem werden. Der Sozialismus lehrt, daß Eigentum Diebstahl sei und daß aller Besitz für alle da sei. Er kann sich mit seiner Theorie zwar auf den Kirchenvater Chrysostomos berufen, aber in der Praxis hat er einen Staatskapitalismus geschaffen. Der liberale Eigentumsbegriff des Westens ist solange vernünftig, wie er nicht zur schrankenlosen Verfügung über gewaltigen Besitz in wenigen Händen führt. Papst Paul VI. hat in der Enzyklika »populorum progressio« 1967 über die Eigentumsfrage unter anderem gesagt: »Das

Gemeinwohl verlangt manchmal eine Enteignung, wenn ein Besitz wegen seiner Größe, seiner geringen oder überhaupt nicht erfolgten Nutzung ... dem Gemeinwohl hemmend im Wege steht.«

Die ganze Frage wird uns noch zu schaffen machen. Haushalter sollten rechtzeitig und gründlich darüber nachdenken und in ihrem Bereich modellartig zeigen, wie Besitz in der Verantwortung vor Gott verwaltet wird.

b) Die Gleichberechtigung der beiden Produktionsmittel Kapital und Arbeit ist theoretisch nicht mehr bestritten. Beide sind grundsätzlich am Ertrag beteiligt. In der Praxis kämpft man um den vernünftigen Kompromiß. Es geht nicht nur um eine sachgerechte Entlohnung der Arbeit, sondern um einen Anteil am Ertrag des Unternehmens. Das wirft eine Fülle von Fragen auf, die kein Mensch mit lockerer Hand lösen kann.

Die Haushalter Gottes müßten in beiden Interessengruppen vertreten sein und sich um den jeweils bestmöglichen Kompromiß bemühen, der ohne Einsatz von Machtmitteln erreichbar ist.

c) Die Arbeitsvertretung in den Betrieben ist zunächst gesetzlich geregelt. In einigen Großbetrieben gibt es eine paritätische Mitbestimmung der Arbeitsvertretung unter Beteiligung der Gewerkschaften. Für die große Zahl der Unternehmen gilt das Betriebsverfassungsgesetz. Es ist so gut, daß seine Möglichkeiten zum großen Teil noch nicht ausgenutzt sind. Die Gewerkschaften verlangen nun eine sehr weitgehende Mitbestimmung für ihre Funktionäre in allen Fragen der Betriebsleitung.

Was kann der Haushalter Gottes tun? Zunächst sollte er informiert sein und nicht Schlagworte nachbeten, ohne ihren Hintergrund zu kennen. Er kann helfen, die Atmosphäre der Verhandlungen zu entgiften. Oft wird er genötigt sein, selber den Partnern einen Vorschuß an Vertrauen zu leisten.

Wir haben keine Illusionen: einen christlichen Betrieb gibt es nicht — es sei denn ein Ein-Mann-Betrieb. Die Haushalter Gottes in der Wirtschaft sind täglich bedrängt von komplizierten Fragen, sie sind genötigt, Entscheidungen zu treffen, ohne das Wagnis ganz zu übersehen. Sie brauchen die Weisungen Gottes aus der Stille, und sie brauchen den sachkundigen Rat anderer Christen, die ebenso unter Gott leben. Mit einigen frommen Sprüchen ist da nicht viel geholfen.

Der Fragenkreis wird noch größer und gewichtiger, wenn wir über unser Land hinaus denken. Wir denken an die Entwicklungsländer. Dort stehen wir vor der Aufgabe, wirtschaftlich selbständige Völker heranzubilden, und das in sehr kurzer Zeit. Das bedeutet, daß farbige Menschen herangebildet werden müssen, die wirtschaftlich denken, planen und organisieren können, also Fähigkeiten entwickeln, die man in den letzten tausend Jahren in diesen Völkern nicht brauchte. Sie müssen gegen Verwahrlosung und Dummheit, gegen Engstirnigkeit und religiöse Arroganz kämpfen. Die Aufgabe ist wahrscheinlich unlösbar, wenn wir sie den Managern alten Stils überlassen. Sie haben in diesen Ländern häufig so schlechte Beispiele hinterlassen, daß die bösen Erfahrungen erst überwunden werden müssen. Hier brauchen wir dringend junge und tüchtige Menschen, die im Herzen die Verantwortung als Haushalter Gottes tragen.

Zu 4. **Menschliche Beziehungen** sind uns von Gott anvertraut. Das gibt eine ganz andere Sicht für Ehe und Familie. Ich meine nicht, daß Mann und Frau sich gegenseitig verwalten sollen wie einen Besitz. Gerade so ist das nicht zu verstehen. Hier liegt ein weites Feld der Verantwortung füreinander und für die Gemeinsamkeit der Ehe. Wer Ehe sorglos als gesicherten Besitz ansieht, wird schnell ihre zarte Gebrechlichkeit entdecken.

Haushalter in unseren Ehen sind wir auch in dem Sinne, daß wir vorzuleben haben, was eigentlich Ehe ist, und daß unser gemeinsames Leben geeignet ist, Leitbild für junge Menschen zu werden.

Die Familie ist heute mehr denn je das Gebiet wachsamster Verantwortung füreinander. Der Hausvater ist Haushalter in der schönsten, aber auch schwierigsten Bedeutung des Wortes.

Manchem Manne fällt es leichter, für tausend Menschen der Chef zu sein, als für eine Familie mit drei Kindern der rechte Vater und Haushalter. Kinder sind uns von Gott anvertraut. Diese Verantwortung läßt sich durch nichts ablösen. Väter, die sich ihren Kindern gegenüber in die Stellung des netten Kameraden flüchten, verraten damit ihr Amt als Vater und machen ihre Kinder zu Waisen. Darüber wäre nachzudenken. Das Leitbild gibt Gott selber, »von dem jede Vaterschaft, die es im Himmel und auf Erden gibt, ihren Namen trägt«.

Das Haus und die Nachbarschaft sehen wir als Aufgabe. Soll ich meines Nachbarn Hüter sein? In kleinen Orten weiß man zu viel voneinander, in der Großstadt kennt man in der Regel nur die Türschilder. Versäumen wir hier nicht einen Auftrag Gottes? Wir werden unserer Verantwortung füreinander nicht gerecht, wenn wir so nahe aneinanderrücken, daß wir uns wundreiben. Menschliches Miteinander ist ohne Respekt und ohne Distanz nicht gut möglich. Aber die stolze Aussage des Großstädters: »Ich wohne seit zwanzig Jahren im Hause und kenne die Leute vom dritten Stock noch nicht«, ist auch keine richtige Lösung. Wenn wir füreinander die Verantwortung annehmen und bejahen, dann werden sich auch Wege zeigen, wie sie in die Tat umgesetzt werden kann.

Der Betrieb als ein Auftrag Gottes? Ich kann die großen Proklamationen von Betriebsgemeinschaft und Betriebsfamilien nicht mehr gut hören, weil zu viel sentimentale Unehrlichkeit dahintersteckt. Man darf die Ebenen nicht verschieben. Der Betrieb ist nicht Lebensgemeinschaft, sondern Produktionsstätte. Die andere Seite ist aber die, daß Menschen den größten Teil ihrer wachen Zeit im Betrieb zubringen und in bestimmten Ordnungen miteinander arbeiten und auch auskommen müssen. Dieses Miteinander-Auskommen läßt sich nicht vom Programm her organisieren. Man kann aber Reibungen beseitigen und unnötige Anstöße entfernen, man kann den Arbeitsplatz und seine Umgebung den Menschen anpassen, man kann also als Haushalter Gottes in den Betrieben viel tun. Wenn dann auch noch da und dort ein Christ steht, der fachlich sauber seine Arbeit tut und aus dem Frieden seines Herzens still und freundlich mit seinen Kollegen umgeht, dann tut er mehr für das Klima als die schönste Rede beim Betriebsausflug. Dieser Mann kann einen ganzen Raum entgiften. Er hat über die Dinge und Menschen ein gutes Urteil, weil er innerlich frei ist und darum unbefangen sehen kann. Er tut seine Arbeit »als dem Herrn und nicht den Menschen«. Diese Modelle brauchen wir.

Auch bei diesem Thema müssen wir weiter denken als an Familie, Nachbarschaft und Betrieb. Das große Elend beginnt, wenn Europa vor uns steht. Die Sehnsucht einiger Generationen richtete sich auf Europa als politische und wirtschaftliche Einheit vieler Völker. Ich bin überzeugt, daß dieser Gedanke reif war und daß unsere Generation ihn durchzuführen hatte. Es fing als Rechenexempel an, und dann hat engstirnige nationalistische Borniertheit die große Aufgabe verdorben. Ob Haushalter Gottes in der Politik noch einen Rest des Planes retten können?

Zu 5. Die Freiheit der Demokratie ist uns als Aufgabe anvertraut. Sie wird gefährlich mißbraucht von ihren Angreifern wie von ihren Verteidigern. Freiheit und Zügellosigkeit werden heillos verwechselt. Egoismus und Willkür einzelner und der verschiedenen Gruppen graben der Demokratie das Grab. Wer die Weimarer Republik und ihren Todeskampf miterlebt hat, fürchtet sich vor der kommenden Zeit. Es ist, als ob sich alles wiederholen müßte.

Und doch ist diese arme Demokratie ein kostbares Gut und lohnt alle Anstrengungen. Wo sind die Haushalter Gottes, die Politik nicht als schmutziges Geschäft, nicht als Kampffeld von Gruppeninteressen, sondern als Aufgabe ansehen, die vor Gott zu verantworten ist? Wenn wir diese Männer und Frauen nicht finden, wird die Demokratie an der Unvernunft aus den Fugen gehen.

Ich halte es für möglich, diese und noch viele weitere Gebiete unseres Lebens unter dem Gesichtspunkt Haushalterschaft zu sehen, um die Verantwortung zu erkennen, die auf uns liegt.

Zugleich meine ich, daß unsere Herzen weiter und freier werden, wenn wir begreifen, was Jesus seinen Leuten in dieser Welt zumutet. Das ganze Kapitel könnte auch die Überschrift bekommen: Von der Freiheit der Kinder Gottes!

Den eigentlichen Hintergrund der Reden Jesu über die verschiedenen Haushalter haben wir noch nicht berührt. Er leuchtet in den apostolischen Briefen auf, wenn dort von »Haushaltern über die Geheimnisse Gottes« (1. Korinther 4, 1) und von »Haushaltern über die verschiedenen Gnadengaben« (1. Petrus 4, 10) die Rede ist. Uns ist die Botschaft von Jesus Christus anvertraut. Wir haben sie so weiter zu sagen, daß man sie versteht. Wir sind der Welt diese Botschaft schuldig. Dabei geht es nicht nur um eine Nachricht über die Möglichkeit der Versöhnung. Wir sind es schuldig, den »Dienst der Versöhnung« zu tun. Dazu sind der Gemeinde die Gaben und Kräfte gegeben, und der einzelne hat Anteil daran.

Noch ein Gedanke soll nicht verschwiegen werden. In einer der Bildreden Jesu wird von einem ungerechten Haushalter berichtet, der hart gemaßregelt wurde. Er hat von dem zur Verwaltung gegebenen Gut nichts veruntreut, sondern gab es auf Heller und Pfennig genau zurück. Offensichtlich hat aber Jesus einen anderen Begriff von Untreue als wir. Für ihn ist derjenige untreu, der den Auftrag der Verwaltung nicht ausführt. Das bedeutet, daß wir das anvertraute Gut einzusetzen und damit zu arbeiten haben, um es zu entfalten und zu vermehren. Die einfache Aufbewahrung und Rückgabe ist keine Erfüllung des Auftrages.

Das wäre zu bedenken. Wer seine Gaben und Kräfte, wer die anvertraute Botschaft von Jesus Christus nur für sich und seinen Hausgebrauch einsetzt, ist ein ungetreuer Haushalter! Der Privatchrist, der seine Seele gerettet weiß und den Dienst der Versöhnung nicht weiterträgt, ist ein ungetreuer Haushalter. Was Gott uns anvertraut, soll weitergegeben werden, dann wächst es.

Am Ende unserer Tage werden wir gefragt werden und müssen Rechenschaft ablegen. Wir werden keine großen Erfolgsmeldungen abgeben. Aber vielleicht lautet das Urteil doch: Du bist ein guter Knecht gewesen.

17. Über den Glauben

Zunächst soll klargestellt werden, daß der Vorwurf, unsere Zeit und ihre Menschen seien ungläubig, nicht richtig ist. Das Gegenteil scheint richtiger zu sein: Wir leben in einer sehr gläubigen Zeit. Die Inhalte des Glaubens haben sich aber geändert. Im Menschen liegt die tiefe Sehnsucht nach einer Beziehung zu Gott, die nur mit Mühe abgetötet werden kann. Nun ist die personale Beziehung zu Gott aus verschiedenen Gründen sehr selten geworden. Jetzt wendet sich die menschliche Sehnsucht an Ersatzgötter, und aus Glauben wird Aberglauben. Man glaubt, aber man glaubt falsch. Dabei entwickelt dieser falsche Glaube oft eine Inbrunst und einen fanatischen Missionseifer, der uns tief beeindruckt. Ich denke zunächst an die verschiedenen Formen des landläufigen Aberglaubens, der heute in allen Kreisen gesellschaftsfähig ist. Noch eindrucksvoller und zugleich noch gefährlicher wird diese gläubige Hingabe-Bereitschaft, wenn Weltanschauungen und Ideologien zum Rang von Glaubensbekenntnissen erhoben werden und ihrerseits ihre Anhänger total und unwiderruflich darauf verpflichten.

Was meint man eigentlich mit diesem Wort »Glauben«? In unserer Zeit der vielen Reden und Schreibereien haben manche Worte sich völlig verbraucht, sie sind vieldeutig geworden und haben sogar ihren Sinn in das Gegenteil verkehrt. Da die Ideologien und die politischen Heilslehren religiösen Charakter angenommen haben, benutzen sie vielfach religiöse Begriffe und verwischen dadurch deren Gehalt. Dieses Schicksal hat auch das Wort Glauben erlitten. In der Umgangssprache wird es mit vielfältigem Hintergrund benutzt. Wenn ich zum Beispiel bei einem Besuch an der Tür frage, ob der Hausherr zu sprechen sei, kann die Antwort lauten: »Ich glaube es.« Glauben heißt in diesem Falle: Ich weiß es nicht genau, aber ich nehme es an. Diesen Hintergrund müssen wir bedenken, wenn Meinungsforscher melden, daß in der Bundesrepublik noch mehr als 60 Prozent an Gott glauben. Die Befragten nehmen an, daß es Gott gibt und nennen diese Annahme ihren Glauben.

Häufig findet man die Auffassung, daß Glauben da einzuspringen habe, wo der Verstand nicht mehr mitkommt. Jedermann weiß, daß sein Wissen genauso wie das Gesamtwissen der Menschheit nicht den ganzen Bereich der Wirklichkeit erfaßt. Man sagt also: Bis hierher geht unser Wissen — was dahinter liegt, gehört zum Gebiet des Glaubens. Da die menschlichen Erkenntnisse immer weiter fortschreiten, wird der Raum des Wißbaren immer größer und damit der Raum, in dem Glauben nötig ist, immer kleiner. Einmal wird der menschliche Geist alles erforscht haben und braucht dann nicht mehr zu glauben. Man hofft, sich dann endgültig auf dem sicheren Boden der Wissenschaft bewegen zu können und der unbequemen Notwendigkeit des irgendwie unsoliden Glaubens enthoben zu sein. Glauben bedeutet also hier die Fortsetzung des Wissens in das noch Unbekannte hinein.

Eine weitere Möglichkeit, das Wort Glauben falsch zu verstehen, ist die Gleichsetzung mit »für wahr halten«. Es gibt viele Menschen, die sich darum für Christen halten, weil sie die christliche Lehre für wahr und richtig halten. Noch viel häufiger ist die Ansicht, man könne als moderner Mensch unmöglich Christ sein, weil man die christliche Lehre ohne Vergewaltigung des Verstandes nicht für wahr halten kann. Kürzlich hörte ich von einer der vielen öffentlichen Diskussionen mit dem Thema: Kann der moderne Mensch noch Christ sein? Dabei nahm man sich das Glaubensbekenntnis vor, zerpflückte es nach allen Regeln der Kunst und kam sich sehr gescheit vor, als man beschloß, daß eine solche Lehre für den aufgeklärten wachen Verstand des Menschen von heute nicht annehmbar sei. Das Gespräch war falsch angelegt und ging von dem Mißverständnis aus, Glaube sei das Erfassen und Verstehen einer bestimmten Lehre.

Wir müssen deutlich machen, daß hier ganz verschiedene Ebenen durcheinander gebracht werden. Niemand kann einem Menschen heute zumuten, erst seinen Verstand zu erschlagen, um dann glauben zu können. Der »moderne Mensch« ist zwar rasch bereit, seinen sonst so hoch eingeschätzten Verstand zu erschlagen, wenn es sich um wirtschaftliche, politische oder weltanschauliche Heilslehren handelt und wenn Illusionen und Wunschbilder oder Negationen, Bitterkeiten und Haß in ihm wachgerufen werden. Dann folgt er besinnungslos und gläubig den großen und kleinen Gauklern und ist später, wenn der Verstand wieder aufwacht, erschrocken und über sich selbst entsetzt. Dann folgt meist eine Periode großen Mißtrauens — bis der nächste Prophet ruft. Christlicher Glaube muß von dem allen sorgfältig abgegrenzt werden.

Was sagt die Bibel über den Glauben? Sie ist schließlich die einzige Instanz, die darüber verbindlich Auskunft geben kann. Leider ist die Bibel mit Definitionen sehr sparsam. Meist schildert sie das Handeln Gottes und das Verhalten von Menschen. Daraus kann man Schlüsse ziehen.

Interessant ist, daß der griechische Begriff für Glaube schon in der frühen Literatur vorkommt. Er bezeichnet da ein Vertragsverhältnis, in dem Vertrauen und Treue maßgebend sind.

Im Alten Testament begegnen uns, wenn wir nach Wesen und Art des Glaubens fragen, zunächst die großen Geschichten von Abraham. Dieser Mann wurde später der »Vater der Gläubigen« genannt. Er ist also der Prototyp des Gläubigen. Was hat ihn dazu gemacht? Die großartigen, manchmal auch aufregenden und bedrückenden Geschichten stellen das Leben eines einzigartigen Mannes dar. Wenn wir aber genau hinsehen, dann ist in diesen Berichten vom Prototyp des Gläubigen kein Wort darüber enthalten, was er sich über Gott dachte, keine Darlegung eines Gottesbegriffes, keine Reflektion eines Gottesbildes — und was stellen wir heute an, um einen Gottesbegriff zu gewinnen! Bei Abraham finden wir auch kein Wort über seine Gefühle. Es wird nur von seinem Gehorsam berichtet. Die Geschichten laufen in der gleichen Linie: Gott sprach — und Abraham gehorchte. Das machte ihn zum »Vater der Gläubigen«.

In den Büchern der Propheten und in den Psalmen wird mehr vom Glauben geredet. Uns fällt auf, daß in diesen Büchern der Glaube niemals als eine Möglichkeit unter anderen geschildert wird, sondern daß dahinter eine unerbittliche Konsequenz und Verbindlichkeit steht. Für Israel bedeutete Glaube, daß ein Mensch im Bewußtsein aller Konsequenzen zu Gott ja sagte, daß er sich in den von Gott dargebotenen Bund hineinstellte und die Verpflichtung des Gehorsams auf sich nahm. Urheber dieser Lebensänderung ist Gott. Er ruft und bietet die Verbindung an. Angerufen ist der Wille des Menschen. Er entscheidet, ob er das Angebot annimmt oder ablehnt. Gefordert ist also zunächst der Einsatz des bewußten Willens, nicht eine ausreichende Erkenntnis oder das bewegte Gefühl. Der Glaubende, der die Verbindung mit Gott angenommen hat, wurde nun gehorsam und lebte in Vertrauen und Treue und in der Hoffnung auf Gottes Handeln.

Wichtig ist, daß die von Gott angebotene und von Menschen ergriffene Verbindung den ganzen Menschen, also alle Kräfte seines Wesens und die Gesamtheit seiner äußeren Verhältnisse umschloß. Darum heißt es, daß ein Mensch mit ganzem Herzen, mit ganzer Seele und mit ganzem Gemüt »glaubt«. Demgegenüber ist der Ungläubige ein Mensch mit »geteiltem Wesen«, eine gespaltene Person.

Glaube oder Unglaube sind im Alten Testament nicht religiöse Akte am Rande des Lebens. Sie entscheiden über die Personalität des Menschen. Entweder er glaubt und bekommt die Möglichkeit, heil zu werden und damit ein ganzer Mensch, oder er lebt als Ungläubiger außerhalb der Verbindung mit Gott ein verfehltes gespaltenes Leben. Integration oder Desintegration des Menschen sind hier als die Existenzformen des Glaubens oder des Unglaubens dargestellt.

Den Höhepunkt der alttestamentlichen Aussage über den Glauben sehe ich in einem Wort des Propheten Jesaja. Er bekam es fertig zu behaupten, daß Glaube nicht im Belieben des

Menschen liegt, daß er keinesfalls am Rande der Existenz gelebt werden könne, sondern daß er die einzig mögliche Form menschlicher Existenz darstellt. »Wenn ihr keinen Glauben habt, werdet ihr keinen Bestand haben« (Jesaja 7, 9). Das enthält die Zumutung, daß Israel »seine Existenz in ein zukünftiges Gotteshandeln hinausverlegte« (v. Rad). Für uns heißt es, daß eine auf sich gestellte menschliche Existenz nicht möglich ist. Nur in der Verbindung mit Gott ist Bestand und Leben gegeben. Das schließt menschliche Autonomie ebenso aus wie eine Hilfe aus dem Bereich anderer Mächte.

Das Neue Testament hat diesen gefüllten Begriff Glaube übernommen und auf Jesus Christus bezogen. Jesus ruft Menschen an und fordert sie zur Nachfolge auf. Der angerufene Wille hat die Entscheidung zu treffen, ob er das großartige Angebot annimmt oder ausschlägt. Die Antwort kann nicht theoretisch erfolgen. Sie besteht in der Hingabe der ganzen Existenz. So forderte es Paulus von den Christen in Rom: »Übergebt eure ganze Existenz als Opfer an Gott!« (Römer 12).

Im Alten Testament war der Unglaube ein Verhängnis: der gespaltene Mensch. Das Neue Testament redet noch schärfer und bezeichnet den Unglauben als Sünde schlechthin: »Die Sünde besteht darin, daß sie nicht an mich glauben«, sagte Jesus (Johannes 16, 9).

Wenn Jesus Menschen anruft, erwartet er eine Bewegung des Willens. Die Aktion geht von ihm aus, die Reaktion, und damit die Verantwortung, liegt beim Menschen. Wie in der Geschichte Israels so erkennt auch das Neue Testament keine andere Antwort an als die Hingabe des ganzen Lebens. Keinesfalls ist interessierte Diskussionsbereitschaft oder schöne Gefühlsbewegung eine ausreichende Antwort. In der Hingabe unseres Lebens an Jesus Christus empfangen wir das Geschenk des Glaubens. Wir finden uns als Glaubende vor.

Christlicher Glaube ist die personale Lebensverbindung zu Jesus Christus. Damit haben wir Anteil an seinem Leben und an seinem Geist. Das ist die Erfüllung der tiefsten Sehnsucht des menschlichen Herzens.

Um ganz klar zu sein: Wenn ich von Jesus Christus rede, dann meine ich Gott, der in Jesus von Nazareth ein Mensch wurde, der auf dieser Erde lebte und für unsere Sünden starb, der wahrhaftig auferstanden ist und in seine göttliche Seinsform zurückkehrte, der seine Gemeinde durch seinen Geist leitet und einmal wiederkommen wird, um sein Werk zu vollenden. Mein Glaube ruht auf den Fakten des Lebens, Sterbens und Auferstehens Jesu. Ohne diese Tatsachen wäre er eine Luftblase. Einer mythischen Figur, die aufgelöst ist in »Bedeutsamkeiten«, könnte ich nicht mein Leben anvertrauen. Aber Jesus habe ich es anvertraut.

In den letzten Jahrzehnten habe ich viele Menschen getroffen, die gern glauben wollten und es doch nicht konnten. Sie waren auch bereit, Schritte zu tun, aber sie haben den Weg nicht gefunden. Ihre Bemühungen liefen in falsche Richtungen. Einige falsche Wege seien erwähnt:

a) Christlicher Glaube entsteht nicht durch intellektuelle Bemühungen. Es ist begreiflich, daß man heute alles mit dem kritischen Verstand verstehen und durchleuchten möchte. Der Fehler beginnt, wenn man alles das als unwirklich und nichtexistent ablehnt, was vom Verstand nicht erfaßt werden kann. Auch diejenigen, die mit einem bestimmten »Vorverständnis« an die Botschaft Jesu herangehen, werden ihn selber nicht finden. Dieses Vorverständnis wirkt wie ein engmaschiges Sieb, das nur soviel durchläßt, wie es dem eigenen Selbstverständnis entspricht. Das ist zu wenig. Mit diesen so gesiebten Resten läßt sich nichts anfangen. Thielicke schreibt (in Dogmatik I): »Indem wir Gottes auf spekulative Weise innewerden möchten, machen wir ihn zu einem Fetisch, zu einem objektivierbaren Weltgegenstand.«

Wenn ich behaupte, daß theologisches Wissen und Erkenntnis in der Regel keinen christlichen Glauben bewirken, dann wäre das aus dem Neuen Testament zu beweisen. Von Jesus ist zweimal berichtet, daß er erstaunt ausrief: »Dein Glaube ist groß.« Er sagte das zu Heiden, deren theologisches Wissen gleich Null war und deren Erkenntnis wahrscheinlich jeden

Rabbi entsetzt hätte. Er sagte das in keinem Fall zu einem seiner Volksgenossen, die von Kindheit an mit Wissen und Erkenntnissen angefüllt waren und doch nicht glaubten.

Wissen und Erkenntnisse machen keinen Glauben, sie folgen dem Glauben nach.

b) Christlicher Glaube entsteht nicht durch moralische Anstrengungen. Es gibt immer noch (meist ältere) Menschen, die dem Christus der Bergpredigt folgen wollen, indem sie edel und hilfreich sind und »immer strebend sich bemühen«. So entsteht respektables Menschentum, aber kein christlicher Glaube.

c) Christlicher Glaube entsteht auch nicht durch religiöse Leistungen. Genauer gesagt: Glaube ist nicht mit Kirchlichkeit gleichzusetzen. Wir hören das häufig: »Ich gehe regelmäßig jeden zweiten Sonntag zum Gottesdienst, gehe zweimal im Jahr zum Abendmahl, besuche den Männerkreis, die Evang. Akademie und den Kirchentag — was wollen Sie eigentlich noch mehr!« Wer da meint, solche schönen Leistungen bewiesen seinen Glauben, kann im vollkommenen Irrtum leben. Von einem Lehrer der Kirche stammt die Feststellung, daß die christliche Religion heute das größte Hindernis auf dem Wege zu Jesus Christus ist. Das kann so sein. Wer sich hinter seinen religiösen Leistungen verschanzt, ist gegen den Aufruf Jesu abgesichert.

d) Christlicher Glaube entsteht auch nicht durch Lehrvorträge. Die Jünger Jesu wußten es, daß ihr Intellekt sie nicht zum Glauben gebracht hatte, obwohl sie Jesus selber zum Lehrer hatten. Erst der Einbruch des Heiligen Geistes hat sie zu Glaubenden gemacht. Darum versuchten sie es auch nicht, später andere Menschen durch reine Argumentation zum Glauben zu bringen. Sie bezeugten Jesus, und durch die Einheit von Zeuge und Zeugnis wirkte der Geist Gottes und rief Menschen an.

Im Luther-Text des Römerbriefes steht: »Der Glaube entsteht durch die Predigt.« In Deutschland werden jährlich etwa eine Million Predigten gehalten — wo sind die Gläubigen? Das

Wort heißt richtig: »Der Glaube entsteht durch das Annehmen des Wortes.« Zu diesem Annehmen gehört nicht nur das Anhören und Verstehen, sondern auch der Gehorsam.

Ist der Glaube, der uns in der gehorsamen Hingabe unseres Lebens an Jesus Christus geschenkt wird, gegen jeden Zweifel abgesichert? Natürlich nicht, weil wir Menschen bleiben und weil erst der Glaubende zum eigentlich interessanten Objekt des Widersachers Gottes wird. Nein, wir sind nicht abgesichert gegen Anfechtungen des Glaubens, die alles zweifelhaft machen wollen, was eben noch die Grundlage bildete. Aber wir halten daran fest, daß die freudige Gewißheit des Glaubens das Normale ist und daß die Anfechtung des Zweifels einen gelegentlichen Notstand hervorruft, der überwunden werden kann. Wir halten nichts davon, die Not zu einer Tugend zu machen und den Zweifel als intellektuelles Spiel zu kultivieren. Das ist ein gefährliches Spiel, denn: »die Infragestellung Gottes schlägt auf das Leben zurück. Sie bedeutet, dem Leben den Boden zu entziehen und es zur geschlossenen Abteilung eines Irrenhauses zu machen... Der Zweifel an Gott ist Zweifel am Leben selbst. Denn Gott ist nicht der distanzierte Bewohner eines Jenseits, sondern er ›trägt‹ das Leben. Darum ist Zweifel an ihm viel mehr als nur ein auf das Religiöse begrenzter Zweifel« (Thielicke, Dogmatik I).

Was sagt der Glaubende den Menschen unserer Zeit, die mit den schwierigen Teilen der christlichen Botschaft nicht fertig werden, weil sie im naturwissenschaftlichen Denken nicht unterzubringen sind? Kann man die wirklich anstößigen Teile des Glaubensbekenntnisses, etwa »geboren von der Jungfrau Maria« und »niedergefahren zur Hölle« verteidigen? Kann man verlangen, daß diese Aussagen unbesehen übernommen werden? Kann man das kirchliche Dogma zur Voraussetzung des Glaubens machen?

Nein, so geht es nicht. Glaube ist personale Beziehung zu Jesus. Die Lehraussagen der Kirchen befassen sich mit dem Inhalt des Glaubens, aber sie sind nicht seine Voraussetzung. Das wird an der Entstehung des apostolischen Glaubensbekenntnisses klar. Es ist seinem Wesen nach Doxologie, also Anbetung Gottes. In diesen Formulierungen hat die Gemeinde Gott angebetet als den Vater, den Sohn und den Heiligen Geist. Gleichzeitig versuchte man, sich in diesen Aussagen gegen alle möglichen von außen eindringenden Lehren abzuschirmen. Ich bete das Glaubensbekenntnis zusammen mit der Gemeinde der Glaubenden mit Ehrfurcht, aber ich würde den einen oder anderen Satz nicht zum Streitpunkt machen.

Das hängt wohl an der Fähigkeit, ehrfürchtig zu sein. Der Glaubende steht in Ehrfurcht vor den Geheimnissen Gottes, die in den Formulierungen der Väter angedeutet, aber nicht erklärt sind. Man soll die Ebenen nicht verwechseln. Rätsel kann man raten, und Probleme lassen sich lösen. Aber Geheimnisse Gottes kann man nur in Ehrfurcht stehen lassen. Wenn wir bekennen, daß wir an Gott glauben, dann müßte die mindeste Folge darin bestehen, daß wir Gott G o t t sein lassen und ihn nicht zum Gegenstand naseweiser Untersuchungen und Spekulationen machen.

Bei Saint-Exupéry fand ich einmal dieses schöne Wort: »Es ist mir vergönnt zu begreifen, daß aller Fortschritt des Menschen in der Entdeckung besteht, daß seinen Fragen einer nach der anderen kein Sinn innewohnt; habe ich doch meine Weisen gefragt, und sie haben nicht etwa einige Antworten auf die Fragen des letzten Jahres gefunden — nein, Herr, sie lächeln heute über sich selbst, denn die Wahrheit kam ihnen als Auflösung einer Frage« (Gebete der Einsamkeit).

Der christliche Glaube ist die personale Verbindung zu Jesus Christus. Er umschließt das ganze Leben, prägt das Wesen und das Verhalten des Glaubenden, macht ihn stärker und klarer. Der christliche Glaube ist die Erfüllung der tiefsten Sehnsucht des menschlichen Herzens.

Noch eins: Wenn ich sage: »Ich glaube an Jesus Christus«, dann ist das gleichzeitig eine Frontstellung gegen andere Kräfte, die mich in Anspruch nehmen wollen. Ich glaube g e g e n die autonome Vernunft und gegen meine eigenen Zweifel. Ich glaube gegen die allgemeine Meinung, wenn sie auch noch so geschlossen sein mag. Ich glaube nur an Jesus Christus.

18. Über die Vergebung von Mensch zu Mensch

Wenn man unter Christen von Vergebung spricht, dann denkt man meist daran, daß wir auf Gottes Vergebung angewiesen sind. Es gibt aber auch die sehr wichtige und dringend nötige Vergebung untereinander. Davon wird heute geredet und geschrieben. Psychotherapeuten und auch andere Ärzte empfehlen sie und erhoffen Lösungen und Befreiung davon. Man hat herausgefunden, daß Groll und Haß teure Gefühle sind und daß der Hassende die Kosten meist allein zu tragen hat. Wer einen Menschen haßt, wird auf geheimnisvolle Weise an ihn gebunden. Er hat sich durch seinen Haß in ein Abhängigkeitsverhältnis begeben und muß nun Tag für Tag zu dem anderen Menschen hin denken. Das nimmt so groteske Formen an, daß man anfängt, in Gedanken Briefe zu schreiben, in denen man sich mit dem Gegner auseinandersetzt und ihn moralisch vernichtet. Man merkt es nicht, daß man dabei sein letztes bißchen Freiheit drangegeben hat. Derweil ahnt der Mensch, der einen so beschäftigt, nichts von dem ganzen Krampf. Während man sich innerlich zerreißt und sich schließlich um Schlaf und Gesundheit bringt, geht er scheinbar unberührt seinen Weg. Haß ist eine kostspielige Sache. Vergebung wäre billiger.

Nun schwingen wir bürgerlichen Leute uns selten zu einem massiven Haß auf. Wir haben nur Antipathien und Ressentiments (zu deutsch: Abneigungen, Reaktionen aus verletztem Gefühl und heimlichem Groll) natürlich mit einleuchtenden Begründungen. Unsere Eigenarten, unser Anderssein und die Verschiedenheiten unseres Denkens machen es uns schwer, miteinander auszukommen. Nicht immer ist es möglich, sich freundschaftlich zu trennen: »Geh du zur Rechten, dann will ich zur Linken gehen.« Aber das, was unser Zusammenleben am schwersten belastet, ist die Schuld. Alle sind wir aneinander schuldig geworden! Unsere menschliche Natur hat die fatale Eigenart, daß

»sie sich beim Unrecht-Leiden rührt,
doch Unrecht-Tun fast gar nicht spürt.«

(Eugen Roth)

Unser Gedächtnis ist verblüffend schnell bereit, eigenes Unrecht versinken zu lassen, aber es bewahrt erlittenes Unrecht (oder was man dafür hält) mit peinlicher Genauigkeit auf. So kommt es, daß wir gegen eine große Zahl von Menschen und gegen ganze Menschengruppen offene Schuldkonten führen. Das kann echte Schuld sein, und wahrscheinlich hat es wehgetan, als man uns unrecht tat. Aber was ist damit erreicht, daß wir es so sorgfältig registrieren? Hier sind dunkle Bindungen entstanden, die Schaden anrichten, zumeist an uns selbst. Wir könnten ja auf den Tisch schlagen und die alten Geschichten im Krach eines reinigenden Gewitters abladen — wenn sich das machen läßt. Aber daran hindert uns die bürgerliche Wohlerzogenheit und das, was man unter christlicher Nächstenliebe versteht. Vielleicht fehlt einfach auch die Tapferkeit dazu. Darum bleibt nur das viel gefährlichere und viel unchristlichere Hilfsmittel des »Erduldens«. In der Praxis heißt das, erlittenes Unrecht, das man nicht mit Donner und Blitz abreagieren kann, still hinunterzuschlucken. Da frißt man denn im dunklen Groll die Kränkungen und wird daran krank. Die Ärzte sagen, daß 80 Prozent der Magenleiden diese und ähnliche Ursachen haben. Ebenso sieht es bei hohem Blutdruck, Herz- und Gallenleiden aus, von den Massenerkrankungen der Neurosen zu schweigen. Hinuntergeschluckte Kränkungen lassen sich nicht verdauen. Erlittenes Unrecht kann weder verarbeitet noch gegen eigenes Unrecht verrechnet werden. Die einzige Lösung wäre, dem Gegner zu vergeben.

Das wissen wir ziemlich genau und sind wohl auch bereit, es zu tun. Der anständige Mensch weiß, daß er um Entschuldigung bitten muß und selber zu verzeihen hat. Das mag manchmal zu einer höflichen Form werden. Aber wir sollten auch solche liebenswürdigen Formen nicht gering achten. Sie erleichtern das Miteinanderleben.

Was geschieht, wenn man entschuldigt oder verzeiht? Entschuldigen und Verzeihen erfordern den Entschluß, erlittenes Unrecht als nicht geschehen anzusehen und sich über die entstandene Trennung hinweg die Hand zu reichen. Ein guter Entschluß, er bereinigt die Atmosphäre und macht den Weg frei. Und hat dieser Entschluß das Unrecht auch nicht aus der Welt geschafft, so hat man sich doch selbst von dem Zwang befreit, daran zu kranken. Ein Arzt sagte: »Wenn ihr euren Feinden nicht um Christi willen vergeben könnt, dann vergebt ihnen eures Magens und eurer Galle wegen.«

Manchmal funktioniert das. Ich bin mit diesen anständigen Versuchen an Grenzen gestoßen. Alle unsere guten und ehrlichen Entscheidungen haben ihre Grenze an der wachsamen Macht des Bösen. Der Teufel läßt sich nicht aus der Rechnung ausklammern. Wenn ich mich entschlossen hatte, einem Menschen ehrlich zu verzeihen, dann kam meist nach kurzer Zeit eine Nachricht von einer alten oder neuen Verdächtigung oder Nachrede — und die alte Wunde brach wieder auf. Der Teufel wäre ein Narr und ein miserabler Taktiker, wenn er uns nicht immer im geeigneten Augenblick alles das zutragen ließe, was hundert Meilen im Umkreise gegen uns geredet und getan wird. Dabei erlahmt die menschliche Kraft, und der gute Wille zum Vergeben wird müde. Der Trennungsgraben, über den man eben hinwegsehen wollte, verbreitert sich, und die alten dunklen Bindungen sind wieder da. Wenn uns der Böse schon nicht mehr in massive Sünden verstricken kann, dann ist er auch schon zufrieden, wenn er unseren Groll gegen Menschen nähren und wachhalten kann. Er erreicht damit das gleiche Ergebnis: Wir sind gelähmt und von Gott und Menschen geschieden.

Das gilt nicht nur für den kleinen privaten Bereich zwischen Mann und Frau, Eltern und Kindern und zwischen Freunden. Das gilt ebenso für die großen Gruppen des sozialen und politischen Lebens. Jede Gruppe hat der anderen Unrecht getan, und es gibt genug Funktionäre des Bösen, die das erlittene Unrecht im Bewußtsein der Massen wachhalten, und die emsig bemüht sind, die Wunden nicht heilen zu lassen. Alles Reden von ausbeuterischen Kapitalisten oder von machtgierigen Proletariern, von unseren nationalen »Feinden« oder von Wertungen zwischen den Rassen tut den Dienst des Teufels genauso wie der liebe Freund, der dem anderen die Nachrichten von der neuesten Schlechtigkeit des gemeinsamen »Freundes« überbringt. Hier kann nur durch Vergebung eine neue Verbindung geschaffen werden. Ohne Vergebung kann die soziale Frage nicht gelöst werden. Damit wird zugleich deutlich, daß die Lösung dieser Frage unsere menschlichen Fähigkeiten überfordert, weil wir es auch mit dem guten Willen nicht schaffen, eine tragbare Brücke der Vergebung zu bauen. Hier muß Gott eingreifen.

Für den Christen bekommt das ganze Thema ein anderes Gesicht. Ich möchte Ihnen eine Geschichte in Erinnerung rufen:

Ein königlicher Beamter hatte Unterschlagungen begangen. Er muß großes Vertrauen genossen haben, denn es war ihm möglich, durch seine Schiebungen den Betrag von rund 75 Millionen Mark zu veruntreuen — im Altertum eine unvorstellbare Summe. Das Urteil entsprach dem Vergehen: sein Besitz wurde beschlagnahmt, er selbst und seine Angehörigen sollten als Sklaven verkauft werden. Da unternahm er den fast grotesken Versuch, seinen Herrn um Erlaß des Urteils zu bitten und versprach in seiner Verzweiflung etwas, was er nie halten konnte: die völlige Wiedergutmachung. Das Unvorstellbare geschah: Der König begnadigte ihn ohne Bedingungen.

Die Geschichte — Sie können sie im 18. Kapitel des Evangeliums nach Matthäus nachlesen — berichtet dann weiter: Der Begnadigte traf auf dem Heimweg einen Untergebenen, der ihm etwa 70 Mark schuldete. Wer sich selbst nicht richtig kennt, der erstaunt darüber, wie der Mann, dem soeben Millionen erlassen und das Leben neu geschenkt wurde, nun gegen seinen Schuldner vorgeht. Er ließ ihn wegen des lächerlichen Betrages pfänden und ohne Gnade und Erbarmen in den Schuldturm bringen. Dem König wurde das berichtet. Er machte seine Begnadigung rückgängig und setzte das alte Urteil mit schrecklicher Verschärfung wieder in Kraft.

Diese Geschichte erzählte Jesus seinen Jüngern. Sie ist für Jünger bestimmt. Er schloß mit den Worten: »Ebenso wird mein himmlischer Vater mit euch verfahren, wenn ihr nicht ein jeder seinem Bruder von Herzen vergebt.«

Nach allem, was wir aus der Bibel wissen, ist die Bereitschaft des himmlischen Vaters, uns zu begnadigen und uns zu vergeben, unermeßlich. Sie geht wirklich über menschliches Verständnis hinaus. Aber an einem Punkt hört Gottes Wille und Bereitschaft zum Vergeben auf: da, wo wir nicht vergeben. »Ein unbarmherziges Gericht wird ergehen über den, der keine Barmherzigkeit geübt hat«, schreibt Jakobus. In dem Gebet, das Jesus seine Jünger gelehrt hat und das wir so leicht mitsprechen, heißt es: »Und vergib uns unsere Verschuldungen, wie auch wir sie unseren Schuldigern vergeben haben!« Und er schließt mit der ernsten Mahnung: »Wenn ihr den Menschen ihre Verfehlungen vergebt, so wird euer himmlischer Vater sie euch auch vergeben; wenn ihr sie aber den Menschen nicht vergebt, so wird euer Vater euch eure Verfehlungen auch nicht vergeben.« Für den Christen geht es also nicht um Schonung des Herzens und um Verhütung von Magengeschwüren. Für ihn ist die Frage der Vergebung gegenüber den Mitmenschen auch keine Sache des guten Willens oder der moralischen Bemühungen. Sie ist eine elementare Lebensfrage! Ein schrecklicher Gedanke: Gott zieht die schon geschenkte Begnadigung zurück und setzt das Todesurteil erneut in Kraft, wenn wir nicht vergeben. Dann sind wir also Leute mit Bewährungsfrist! Jesus sagte es: »genauso wird mein himmlischer Vater mit euch verfahren!« Wir müssen das ganz ernst nehmen. Hier liegt eine der Ursachen für unsere mangelnde Vollmacht und für unsere geringe Wirkung in die Weite. Man braucht dabei nicht gleich an die streitenden Pastoren zu denken, die am gleichen Altare Dienst tun. Das Problem geht uns alle an. Wie sollten wir an anderen Menschen den Dienst der Versöhnung tun, wenn wir nicht den Willen und die Kraft finden, uns vorher mit unseren Gegnern zu versöhnen und ihnen von Herzen zu vergeben?

Diese Vergebung ist kein psychologischer Vorgang, sondern ein geistlicher Akt. Wer selber die Vergebung empfangen und sein Leben in einer klaren und bewußten Entscheidung an Gott ausgeliefert hat, den hat er in sein Reich versetzt. Ich scheue mich, jetzt zu große Worte zu benutzen, aber ich muß es doch sagen: Gott läßt uns teilhaben an seiner göttlichen Art. Er hat uns zu Königen und Priestern erhoben, steht im Petrusbrief, und er mutet uns nun zu, daß wir königlich und priesterlich handeln! Gott ist uns unerhört großmütig entgegengekommen, nun dürfen wir nicht engherzig und kleinlich handeln, wenn wir unseren Mitmenschen begegnen. Wenn wir in der Verbindung mit Gott, also im Heiligen Geist, leben, dann verschwindet das Bedürfnis, Verfehlungen aufzurechnen. Dann wird uns die Vollmacht der Vergebung im Namen Jesu geschenkt. Der Jünger hat diese Vollmacht nach dem Worte Jesu: »Wem immer ihr die Sünden vergebt, dem sind sie vergeben und wem ihr sie behaltet, dem sind sie behalten.« Das gilt nicht nur für den Akt der Beichte, in der Sünde bekannt und vergeben wird. Wir haben die Möglichkeit, auch das im Namen Jesu zu vergeben, was uns angetan wurde. Das gilt auch dann, wenn wir nicht um diese Vergebung gebeten werden. Mit königlicher Großzügigkeit und in priesterlicher Vollmacht dürfen wir unseren Mitmenschen im Namen Jesu vergeben, was sie an uns gefehlt haben.

Für mich ist das eine wichtige Erfahrung. Mir wurde klar, in welcher Weise man einen Menschen hindern kann, wenn man ihm die Vergebung für seine Verfehlungen verweigert, auch wenn er gar nicht darum gebeten hat. Dann ist nicht nur eine dunkle Bindung vorhanden, die belastet und schließlich seelisch und körperlich hemmt, sondern die eigene Unbarmherzigkeit nagelt auch den Schuldner fest. Wir übernehmen dann die Rolle des Anklägers vor Gott, eine Rolle, die zum

Amt des Satans gehört. Darum habe ich angefangen, meinen Schuldnern betend im Namen Jesu zu vergeben und sie zu segnen. Es ist eine Sache des Glaubens, diese Vergebung als von Gott geschenkt ernst zu nehmen und den anderen Menschen nun als einen befreiten und gesegneten Bruder zu sehen. Dann werden alle Erörterungen und Klärungen überflüssig, und es bleibt nur die eigene Bitte um Vergebung, wo ich schuldig wurde.

Der »Schuldner« — das klingt so gewaltig und kann leicht moralisch mißverstanden werden. Schuldner ist nicht nur der, der uns handfeste Gemeinheiten oder grobe Beleidigungen zugefügt hat, das geschieht ja selten. Viel häufiger bleiben wir etwas schuldig an Liebe und Verständnis, an Rücksicht und Hilfsbereitschaft, an Dankbarkeit und ganz einfacher Freundlichkeit. Und ebenso geschieht es uns von anderen Menschen. Eben diese Schulden zermürben das Zusammenleben, und gerade hier muß die vergebende Kraft Jesu als Hilfe und Heilung einsetzen. Diese Vergebung löst die dunklen Bindungen von Mensch zu Mensch. Es kommt nicht darauf an, in Frieden v o r den Menschen zu leben. Wir könnten m i t ihnen in Frieden leben, wenn wir es lernen, so zu vergeben.

Die Vergebung macht den Weg zueinander wieder frei, den unsere Verfehlungen verschüttet haben. Je enger zwei Menschen miteinander verbunden sind, umso mehr sind sie auf die gegenseitige Vergebung angewiesen. »Liebende leben von der Vergebung«, so heißt ein Ehe-Roman von Hausmann. Die Bibel sagt: »Laßt die Sonne über eurem Zorn nicht untergehen.« Das Wort scheint besonders für Eheleute bestimmt zu sein. Kleine Zerwürfnisse, die vor dem Einschlafen noch leicht zu vergeben waren, verhärten während der Nacht in geheimnisvoller Weise. Es ist besser, solche Dinge schnell zu vergeben, als sie zu »überschlafen«. In einer Ehe ist der am stärksten, der zuerst um Vergebung bitten und selber vergeben kann.

Und in der Familie? Wenn wir uns gegenseitig nicht völlig zerreiben wollen, dann bleibt doch nur die Vergebung mit ihrer befreienden und lösenden Kraft übrig. Kinder machen den Eltern viel zu schaffen, und umgekehrt ist es genauso. Welches Kind entwickelt sich wohl so, wie man das geträumt hat? Je gesünder und lebensvoller sie sind, desto unbefangener gehen sie über unsere Träume, Hoffnungen und Erwartungen hinweg und werden zu Persönlichkeiten, mit denen wir uns dann abzufinden haben. Wenn wir nicht jeden Einfluß auf ihr inneres Leben verlieren wollen, dann müssen wir ihnen die Vergebung im Namen Jesu still und freiwillig, und ohne darum gebeten zu werden, schenken. Natürlich ist es Sache der Erziehung, daß Kinder lernen, für Verfehlungen um Verzeihung zu bitten. Aber dabei geht es ja meist um die äußeren Dinge. Im inneren Bereich müssen die Eltern den heranwachsenden Kindern behutsam nachgehen und ihnen betend vergeben und so die Verbindung zu Gott für sie aufrecht erhalten, bis sie es selber tun können.

Diagnosen und Lösungen, die sich im persönlichen Leben als echt und richtig erwiesen haben, sind in erstaunlichem Ausmaße auch für den sozialen und politischen Bereich gültig. In der Wirtschaft ist es genauso wie überall, wo Menschen miteinander leben: Man tut einander Unrecht und wird aneinander schuldig, oft ohne es zu merken. Da kann man lange warten, ehe einer kommt und um Entschuldigung bittet. Darum liegt die Aufgabe der Christen in den Betrieben nicht zuletzt in ihrem priesterlichen Beten, mit dem sie vergebend und segnend vor Gott eintreten für die Menschen, die an ihnen schuldig geworden sind, aber zugleich für alle Mitarbeiter. Ein Wort eines französischen Arbeiterpriesters hat mich sehr nachdenklich gemacht. Als er gefragt wurde, was er nun mit seiner Arbeit in drei Jahren erreicht habe, sagte er: »Wenn ich als Gotteskind in meinen Betrieb gehe, der ganz kommunistisch ist, wenn ich dort stehe und im Namen Gottes arbeite, dann habe ich durch meine Gegenwart als Christusträger diesen roten Betrieb gesegnet und geheiligt.«

In der Politik ist es nicht anders. Wir haben großes Unrecht getan und haben viel Unrecht erlitten. Jeder Versuch, das ge-

geneinander aufzurechnen, ist sinnlos. Nur Vergebung kann die Wände des Hasses und des Mißtrauens einreißen und Brücken bauen. Völker können nicht vergeben, das müssen viele einzelne tun. Die Christen sind aufgerufen zu diesem Dienst in königlicher Freiheit und priesterlicher Vollmacht.

In allen Bereichen unseres Lebens bis an die Grenzen der Erde kann die Vergebung untereinander wirksam werden. Der Weg, den sie freigemacht hat, muß dann in der Kraft der Liebe gegangen werden. Wir wollen nicht bei der Vergebung stehen bleiben! Wir wollen einander weiterhelfen. »Darum, weil uns Barmherzigkeit widerfahren ist, werden wir nicht müde.«

19. Über das Gebet

Das Gebet ist für den Christen so selbstverständlich wie das Atmen. Ich halte es für sinnlos, in eine Diskussion darüber einzutreten, ob es das Gebet gibt oder ob der ganze Vorgang eine fromme Selbsttäuschung ist. Theologen haben Gott für tot erklärt. Mit einem Toten kann man nicht reden, das ist verständlich. Das Gebet zu Jesus Christus soll Ahnenkult sein, »als ob ich mit meiner verstorbenen Großmutter redete« (W. Herrmann). Wo kein Gott mehr ist, der den Betenden hört, da hat das Gebet seinen Adressaten verloren. Man muß es also »umfunktionieren« und aus einem Gespräch mit Gott zu einer monologischen Meditation machen. Dieser Ausweg wird tatsächlich vorgeschlagen. Fürbitte heißt nach van Buren, »daß wir des Nächsten Notlage im Licht des Evangeliums bedenken«. Statt des Gebetes zu Gott wird empfohlen, selber über ein angemessenes Handeln nachzudenken. Wenn wir diesen Theologen folgen, dann hat es keinen Sinn, betend »anzuklopfen« und damit zu rechnen, daß sich eine Tür öffnet. Nein, noch ist es nicht soweit, daß Jesus sich abwendet: »Ich bin die auf ewig verschlossene Tür« (Bernanos).

In früher Kindheit erlebte ich das Gebet als eine ganz selbstverständliche Äußerung des Lebens. Darum muß am Anfang dieses Themas ein Dank stehen, ein Dank an meine alte Mutter. Sie war der erste betende Mensch, den ich erlebt habe. Von der Mutter habe ich das Beten gelernt. Nicht so, daß sie uns bekannte Kindergebete beigebracht und abgehört hat, sondern dadurch, daß sie selber gebetet hat. Mutter hat in den Jahren des Ersten Weltkrieges auch mit uns Kindern gebetet, aber das hat sich nicht so eingeprägt wie die Tatsache, daß sie selber ein betender Mensch war. Sie hat nie ein Aufheben davon gemacht. Aber zu den Eindrücken, die ich bis an mein Ende nicht vergessen werde, gehört das Bild der Mutter, wie sie abends mit der großen Bibel hinter der Petroleumlampe saß. Mutter wußte es wohl nicht, wie oft ich sie von meinem Bette her beobachtet habe, wie sie da mit gefalteten Händen in ihrer Bibel las und still betete. Einmal ist sie so eingeschlafen, und ich habe immer auf das herabgesunkene müde Gesicht und auf die gefalteten Hände sehen müssen. Dieses Bild hat mein Leben mehr geformt und beeinflußt als irgendein anderer Eindruck, und sei er auch noch so großartig und schön gewesen. Der erste Mensch, den ich erlebte, war ein Beter! Mutter hat immer für mich gebetet. Wir haben nie darüber gesprochen, aber ich weiß es. Mein Weg ist recht wechselvoll gewesen, seitdem ich mit siebzehn Jahren aus dem Elternhaus fortging. Hinter dem allen hat aber die betende Mutter gestanden. Verstehen Sie es, wenn ich vom Beten nur mit großer Dankbarkeit reden kann? Mutter ist nun heimgegangen. Als ich an ihrem Sarge Wache hielt, nahm ich ihr Gesangbuch und fand den Teil mit den Morgen- und Abendgebeten völlig zerlesen. Diese Gebete hatte sie täglich vor Gott gebracht, das war ihr stiller Dienst in der Einsamkeit. Ich bin fest davon überzeugt, daß die stillen, unbekannten Beter es sind, die die Welt in ihrem Gefüge noch immer zusammenhalten.

Ihnen wird es auch so gehen, daß Sie Zeiten durchstehen müssen, in denen alles unsicher und fragwürdig wird, was vorher so unantastbar schien. Es ist wohl so, daß im geistlichen Leben nach großer, vielleicht allzu großer Sicherheit Zeiten kommen, in denen alles neu errrungen werden muß, was wir doch längst besaßen. Dadurch werden wir vor der Routine und Überheblichkeit bewahrt.

In diesen Zeiten der Dunkelheit lernen wir neu beten, oder wir gehen unter. Die Gesundheit unserer Seele, und wahrscheinlich auch die des Leibes, hängt davon ab, daß wir regelmäßig und in der rechten Weise beten. Jeder von uns, der schwer zu arbeiten hat, wird es an sich selber erfahren haben, daß wir unseren Verkehr mit Gott nur für kurze Zeit zu unterbrechen brauchen, um bedrückt, reizbar, ruhelos und gehetzt zu werden und schließlich zu resignieren. Wenn aber unser Frieden und unsere innere Ausgewogenheit, unsere Leistungsfähigkeit, ja unsere ganze Existenz in einer so unmittelbaren Abhängigkeit von der rechten Beziehung zu Gott stehen, dann können wir es uns wirklich nicht leisten, die Frage des Betens mit einer Handbewegung als »erledigt« zu bezeichnen. Wir können auch nicht einfach darauf warten, bis die Verbindung von selbst wieder da ist. Inzwischen kann unser Leben in eine falsche Bahn gekommen sein. Ich meine, wir sollten dann mit der gebotenen Nüchternheit prüfen, wo der Fehler liegt. Fest steht, daß wir die Verbindung zu Gott brauchen, wenn unser Leben mehr sein soll als eine eben noch funktionierende Sinnlosigkeit. Fest steht weiter, daß Gott uns die Fähigkeit, die Kraft und die Leitung für ein lebendiges Leben schenken kann und will. Das Gebet ist der Weg dazu.

Wie sieht Ihr Gebet aus? Morgens in aller Eile einige fromme Gedanken oder einige Worte, die wir schon seit zehn Jahren in der gleichen Weise hersagen? Abends vor dem Einschlafen ein ähnliches Zeremoniell, halb im Schlaf und eigentlich schon ohne Bewußtsein? Meinen Sie im Ernst, daß von solchem Gehaben eine Wirkung ausgehen kann, die den Tag begleitet und formt? Wenn wir es genau betrachten, dann können wir kaum darüber erstaunt sein, daß wir so wenig lebendig, kraftvoll und fruchtbar sind.

Wenn ein Mensch mit Gott reden will, dann sind gleichzeitig die störenden Kräfte am Werk. Wir dürfen uns also nicht wundern, wenn alle nur möglichen kleinen und großen Hindernisse auftauchen. Dann müssen wir mit einiger Energie Ruhe schaffen. Es ist auch gut, feste Zeiten für das Gebet herauszufinden und einzuhalten. Wir sind für Gewohnheiten empfänglich, warum sollen es nicht auch einmal gute sein.

Auch von innen her gibt es Gründe, die am Beten hindern oder die uns wenigstens in eine falsche Bahn drängen wollen. Drei von diesen Schwierigkeiten möchte ich nennen:

Zuerst die falsche Zielrichtung. Was wollen wir eigentlich mit unserem Gebet erreichen? Schutz und Hilfe Gottes, Erfolg und Gelingen unserer Arbeit, die vielen Dinge, die wir täglich brauchen? Das sind alles gute Sachen, aber wenn wir nur darum beten, dann verfehlen wir das Ziel. Wir sollen nach der Hand Gottes greifen und nicht nach den Gaben, die er in seiner Hand hält. Das Ziel des Betens ist die Verbindung mit Gott. Davon leben wir. Die Nähe Gottes ist lebenswichtig, sonst stirbt unsere Seele ab. Gott will selber gemeint sein, so wie er uns auch immer als Person meint. Er will, daß wir ihn wollen und suchen, nicht nur das, was wir von ihm haben möchten. Wenn wir unmittelbar und ohne Nebenziel allein nach Gott trachten, dann werden uns die anderen Dinge zufallen.

Ein anderer schwieriger Punkt ist unsere Abhängigkeit von Gefühlen. Es kann sein, daß wir morgens nach unserem Gebet mit einem Herzen voller Freude wie aus einer anderen Welt kommen und in den Tag hineingehen. Es kann aber ebenso sein, daß wir gar nichts fühlen. Trotzdem ist Gott da und hat uns durch seine Nähe fester gemacht gegen alle Versuchungen des Tages. Manchmal wollte ich schon verzagen, weil mein Gebet wie in einen leeren Raum hineingerufen war. Das war so, als wenn ein Kind in einem riesengroßen dunklen Wald um Hilfe schrie, aber ohne Echo und ohne Hoffnung auf eine Wirkung. Da war nichts von der Nähe Gottes zu merken, nichts von Frieden und Erhebung. Gott war weit weg — ob er wirklich hörte? Es wäre ein aussichtsloses Unternehmen, einem Menschen in dieser Lage beweisen zu wollen, daß Gott da ist und hört. Aber dann denke ich an ein Lied, das mir lieb ist, weil Mutter es uns vorgesungen hat. Das enthält die Worte: »Wenn ich auch gleich nichts fühle von deiner Macht, du führst mich doch zum Ziele, auch durch die Nacht.« Darauf kommt es beim Beten an: festhalten, auch wenn wir nichts Erhebendes fühlen. Festhalten und dabei der Nähe Gottes gewiß sein.

Die dritte Schwierigkeit, die ich erwähnen wollte, liegt in unserer mangelnden Konzentrationsfähigkeit. Zu mir sagte einmal ein Geschäftsmann: »Merkwürdig! Ich kann sehr logisch und sehr konzentriert denken. Aber wenn ich bete, dann laufen meine Gedanken wie Ameisen auseinander.« Ich weiß genau, wie das ist, wenn sich schon nach den ersten Sätzen des Gebetes ganz andere Gedanken einschleichen, an einen Brief, an einen vergessenen Auftrag oder was sonst noch in uns umgeht. Dann habe ich mich öfters schuldbewußt und beschämt selber am Kragen gepackt und die Gedanken wieder zurückgeholt zum Gebet. Besonders am Abend kann es da sehr lebhaft zugehen, wenn ich immer wieder die Gedanken von ihren Nebenwegen einfangen muß, um dann schließlich die ermüdende Geschichte aufzugeben und einzuschlafen.

Ist das sehr schlimm? Nein, es ist ganz natürlich. Wir sind so! Nicht vielen Menschen ist es gegeben, immer ganz im Gebet zu versinken. Luther sagte einmal, er habe es auch noch nicht geschafft, das Vaterunser mit ungeteilter Konzentration bis zum Ende zu beten. Die alte Kirche hat in ihrer Weisheit das Abendgebet auf 18 Uhr gelegt, weil später die Konzentrationsfähigkeit nachläßt. Nun sind wir ja mehr als unsere Vorfahren zu Nachtmenschen geworden. Aber die alten Ordnungen sollten uns doch nachdenklich machen. Was können wir tun, um uns besser zu sammeln? Von Luther stammen drei Ratschläge:

1. Laut beten! Wir müssen da erst eine Hemmung überwinden, aber wir werden merken, wieviel realer ein Gebet ist, wenn es zum gesprochenen Wort wird.

2. In müden Stunden feste, geformte Gebete benutzen! Die Väter haben es häufig besser gekonnt als wir und haben uns

von ihrem Reichtum viel hinterlassen. Kennen Sie das Gebetbuch Jesu, die Psalmen? Dazu brauchen wir eine gute neue Übersetzung und den Mut, schwierige Stellen auszuklammern.

3. Aufschreiben! Auch das hat Luther geraten. Das Aufschreiben befreit uns von störenden Gedanken. Damit sind sie angenagelt, wir brauchen sie nicht zu verjagen, oder — falls sie wichtig sind — krampfhaft zu merken. Sie werden erfahren, wie still und gelöst man sein kann, wenn die Jagd der unruhigen Gedanken weggeschrieben und damit unschädlich gemacht ist. (Es ist übrigens sehr lehrreich, nachher zu betrachten, welche Gedanken in uns umgehen.) Ich kenne auch Menschen, die ihre eigenen Gebete aufschreiben und dabei sehr still und gesammelt werden.

Noch etwas zu Bitte und Fürbitte. Gott will gebeten werden. Das ist erstaunlich, aber es ist so. Jesus sagte, daß der Vater im Himmel selber am besten weiß, was wir brauchen. Das ist ein tröstlicher Gedanke, denn wir haben es doch vielfach erlebt, daß wir wirklich nicht klar sagen können, was uns not tut. Wir sind oft wie kleine Kinder, die über ihr Wehweh schreien, aber der Arzt muß erst herausfinden, wo der Schmerz sitzt und was wirklich fehlt. Wie oft wären wir hereingefallen, wenn Gott unsere Bitten buchstäblich erhört hätte! Nein, er weiß es besser. Aber wir sollen ihn ruhig in aller Unbefangenheit und Torheit bitten.

Wir sollten im Gebet aber auch Raum lassen für andere Menschen. Es wäre natürlich ein Unding, wenn wir meinen, wir müßten Gott benachrichtigen, daß da oder dort ein Mensch in Not sei. Gott weiß es besser. Auch ist es nicht nötig, daß wir einen unwilligen Vater im Himmel zum Helfen aufrütteln müßten. Seine Liebe ist größer als unsere. Und dennoch das Geheimnis: Gott will, daß wir mit der ganzen Kraft unseres Herzens für Menschen eintreten, daß wir uns einschalten in die Hilfe, die er geben will. Gott will, daß wir mit unserem Gebet teilnehmen an seiner Weltregierung. Wie er das tut, ist sein Geheimnis. Aber er will Partner in uns haben. Eine große Zumutung! Vor einiger Zeit zeigte uns ein Freund eine Tagesliste mit den Namen aller Menschen, für die er regelmäßig betet. Da waren nicht nur die Glieder der Familie und die Mitarbeiter, sondern auch die Politiker des Westens und des Ostens verzeichnet. Wer betet sonst für die Männer im Kreml und im Weißen Haus? Wer tritt für sie vor Gott ein?

Wenn Sie für Menschen beten, dann achten Sie darauf, daß Sie nicht nach unten, sondern nach oben beten. Das muß erklärt werden. Wenn man zum Beispiel für sein Kind betet und dabei sehr intensiv an alle gefährdeten Stellen denkt, an alle Schwächen des Körpers oder des Charakters, an alle dunklen Möglichkeiten und Bedrohungen, dann kann daraus nicht viel Gutes erwachsen. Diese angstvollen Gedanken sind auch Kräfte! Aber sie helfen nicht. Nach oben beten! Ein Kind oder einen anderen Menschen Gott darbringen und dabei an seine besten Möglichkeiten denken, an alle guten Anlagen, die gestärkt werden können, alle Gaben und Kräfte, die zu fördern sind. Dieses gläubige Gebet nimmt das schon als geschehen an, was Gott tun kann und tun will. Wenn ein Mensch krank ist, dann betet der Glaubende nicht angstvoll und beschwört dabei alle Gefahren, sondern er bringt den lieben Menschen tapfer und siegesgewiß so vor Gottes Angesicht, wie er wieder sein kann: gesund und stark und fröhlich. Und für die im Glauben schon geschaute Hilfe kann man bereits danken. Sind das Illusionen? Ausprobieren!

Lob und Dank! Wir sind nicht gerade undankbare Leute. Es genügt aber nicht, dankbar zu sein, wir sollten auch wirklich danken! Wenn wir uns das zur Übung machen, werden wir reicher. Uns wird dann bewußt, wieviel Grund wir zum Danken haben. Ein dankbares Herz ist Gott näher. Und das Lob Gottes? Das ist ein weites Feld. Ich weiß noch zu wenig davon. Wir sollten Gott danken für das, was er an uns tut und ihn loben, weil er so ist, wie er ist.

Jesus hat gesagt, daß wir beten sollen. Seine stärkste Verheißung liegt auf dem Gebet, das zwei oder mehr Menschen gemeinsam in seinem Namen zu Gott bringen. Er hat zugesagt, daß dieses Beten erhört wird. Er hält seine Zusagen.

Wollen wir es nicht versuchen? Dann wollen wir nicht nachlassen, bis wir mit dem frommen Manne der Vorzeit sagen können: »Wenn ich dich anrufe, dann erhörst du mich und gibst meiner Seele große Kraft.«

20. Vom gehorsamen Leben

Unser geistliches Leben steht und fällt mit dem Gehorsam. Glauben ohne Gehorsam ist bestenfalls eine religiöse Überzeugung und in dieser und jener Welt nicht viel nütze. Das ist nicht schwer einzusehen.

Wir Christen sind grundsätzlich auch bereit, den Willen Gottes zu tun. Wenn wir uns aber unser Leben genauer ansehen, werden wir finden, daß wir doch unseren eigenen Willen tun und Gott die Aufgabe zuweisen, diesen eigenen Willen zu segnen und die eigenen Pläne zu unterstützen. Mit einer gewissen Naivität setzen wir den eigenen Willen und vielleicht auch das »pflichtgemäße Ermessen« als Willen Gottes.

Wie soll man den Willen Gottes tun, wenn man ihn nicht kennt? Diese Frage kann nicht mit einer Handbewegung abgetan werden, aber sie ist auch nicht leicht zu beantworten. Sie kann vor allem nicht nach einer Methode erledigt werden, die uns schnell, präzis und mühelos den Plan Gottes genau und nach Punkten geordnet vermittelt. So einfach ist das nicht. Der Gehorsam wäre leichter, wenn Gott seinen Willen so genau und unmißverständlich wie einen Terminkalender für den Tag zu erkennen gäbe. Die wirklich schweren Kämpfe meines Lebens gingen mehr darum, den Willen Gottes zu erkennen als darum, ihm zu gehorchen. Das möchte ich nicht verschleiern. Gott geht zwar mit den Anfängern auf dem Wege sehr fürsorglich um und läßt sie ohne viel Mühe große Dinge erleben. Aber dann beginnt der Kampf, der uns verordnet ist. Dann beginnt die Einübung ins Christentum.

Dafür gibt es keine Methoden, aber wir können aus den Erfahrungen anderer Freunde lernen. Schließlich sind wir darum Weggenossen, daß wir einander helfen. Es ist nicht unbedingt nötig, daß jeder für sich die gleichen Torheiten durchexerziert.

Der Kirchenvater Augustin sagte, daß die erste Stunde des Tages das Steuer des Tages sei. Auf diese Morgenstunde kommt sehr viel an. Glücklich, wer gleich am frühen Morgen noch vor Anlauf des Tages mit Gott allein sein kann. Wahrscheinlich wird man sich eine feste Zeit energisch freimachen müssen. Aber wem es mit der Nachfolge ernst ist, der kann nicht gut bei der ersten Anforderung, die auf ihn zukommt, sagen: »Ich habe keine Zeit!« Er müßte dann schon genauer sagen: »Ich habe für Gott keine Zeit.« Und das will überlegt sein.

Man muß es ausprobieren, ob durch gute Disziplin nicht doch am Morgen vor dem Beginn der Tagesaufgaben eine halbe Stunde Zeit zu gewinnen ist. Wir werden zeitiger aufstehen müssen, und das ist möglich, wenn wir abends etwas zeitiger schlafen gehen.

In der Stille des Morgens, die uns wie ein neuer Raum umfängt, erleben wir die Nähe Gottes anders als im Lärm des Tages. Wir machen es uns bewußt: Gott, der heilige und allmächtige, ist gegenwärtig und erlaubt es uns, ihn als Vater anzureden. Das Bewußtsein seiner Nähe macht uns innerlich still.

Dann lassen wir uns von Gott anreden. Ich lese die Losungen der Brüdergemeine und den darin angegebenen Tagestext der Bibel in der Menge-Übersetzung, die mir am besten und klarsten zu sein scheint. Viele Tausende von Menschen in der ganzen Welt lesen morgens dieses gleiche Wort. Man hat dabei ein gutes Gefühl der Zusammengehörigkeit der Christen. Das ist ein betendes, hörendes Lesen. In der Haltung der ehrfurchtsvollen Offenheit gelingt es, das Wort ganz anders aufzunehmen, als es sonst möglich ist. Die Bibel kannte ich von Jugend an, aber sie war eine Sammlung von Sprüchen und Geschichten, und in vielen Teilen doch recht langweilig. Viel hatte ich nicht davon begriffen. Jetzt ist sie das Wort des

Vaters an sein Kind, und ich bin von Herzen dankbar, daß Gott so redet. Manchmal ist es geradezu verblüffend, wie dieses Wort zupackt und einen Hinweis gibt oder wie es hart und deutlich ermahnt und korrigiert. Dann wieder tröstet ein gütiges Wort, »wie einen seine Mutter tröstet«.

Der Christ lebt aus der Bibel, er nährt sich aus diesem Wort. Das ist meine Erfahrung. Ganz von selbst entsteht das Bedürfnis, dieses Buch genauer kennenzulernen, und es wird eine lebendige Quelle, wenn man sich mit Freunden zusammensetzt und darin forscht.

Wenn der Tagestext einen besonderen Hinweis enthält, dann schreibe ich ihn auf. Neben der Bibel liegt immer ein Schreibheft. Mit diesen Erkenntnissen kann man auch anderen Menschen helfen. Und wenn es eine Korrektur war, dann darf sie nicht vergessen werden.

Nach diesem hörenden Lesen bedenke ich die Tagesaufgaben, die vor mir liegen. Das ist ein verantwortliches Nachdenken in der Gegenwart Gottes und darum anders, als wenn der Verstand auf freier Wildbahn geht. Dieses Nachdenken vor Gott durchdringt auch die Gebiete, die wir sonst im Nebel stehenlassen. Wir stoßen dabei auf Realitäten, denen wir gern und schnell ausweichen. Es kann sein, daß dann Menschen und Dinge vor unserem Auge stehen, zu denen wir ein ungeordnetes Verhältnis haben und an die wir nicht gern denken. Die schuldhaften Beziehungen treten aus dem Nebel heraus und sehen uns an. Dann müssen wir standhalten! Am besten ist es, das sofort aufzuschreiben und unter den Augen Gottes gleich festzuhalten, was zur Klärung geschehen muß. In der Nähe Gottes vergehen uns die eigenen Entschuldigungen ziemlich gründlich, und die eigene Schuld tritt hervor.

Manchmal kann man den Tag nach keiner Richtung überschauen. Dann beginnen wir ihn getrost und in der Gewißheit, daß Jesus in unserer Nähe bleibt. Manchmal liegt aber ein solcher Berg von Aufgaben vor uns, daß er wie ein Alpdruck wirkt und uns jede Lust zum Anfang nehmen kann. Dann schreiben Sie sich doch alle schon erkannten Aufgaben der

Reihe nach auf und bedenken Sie still und ohne Angst vor Gott, was zuerst geschehen soll. Man kann dabei schöne Erfahrungen machen. Ziemlich sicher findet man heraus, was notwendig ist. Manches andere erledigt sich wie von selbst. Auf jeden Fall ist das Herz jetzt still und ohne Angst. Ich bin sehr froh, daß ich meinen Verstand auf diese Weise vor Gott nicht gewaltsam ausschalten muß. Anderen Menschen wird es geschenkt, daß sie wie mit offenen Händen warten und dann ohne großes Nachdenken wissen, was zu tun ist.

Dann erst bringe ich Bitten und Fürbitten vor Gott. Sie sind dann klarer und reiner und nicht mehr so auf das eigene Ich bezogen. Lob und Dank schließen das Gebet ab.

In dieser morgendlichen Stille vor Gott geschieht mehr, als wir ahnen können. Das Schönste, was uns geschenkt werden kann, ist die Anbetung. Dann hört alles Bitten und Fragen für sich und andere auf, dann ist weder Reden noch Hören mehr wichtig, dann ist nur noch Gott da. Wir ruhen absichtslos und ohne Wünsche am Herzen Gottes. Ich schreibe das mit aller gebotenen Zurückhaltung, aber mit dankbarem Herzen.

Manchmal überfällt uns in der Stille ein Gedanke, der gar nicht in die Bahn unserer Überlegungen gehört. Ein Einfall. Wir haben es gelernt, darauf zu achten, was uns in dieser Stille einfällt. Es kann sein, daß dadurch Gott uns etwas deutlich machen will und unser Denken zwingend auf diesen Punkt lenkt. Es kann ein Auftrag sein oder eine besondere Mahnung, auf jeden Fall verdient dieser Einfall unsere Aufmerksamkeit. Luther kannte das auch und schrieb in seiner »Anweisung, recht zu beten« davon: »Wenn solche reichen, guten Gedanken kommen, dann soll man die anderen Gebete fahren lassen und solchen Gedanken Raum geben und mit Stille zuhören und beileibe nicht hindern. Denn da predigt der Heilige Geist selber. Und von seiner Predigt ein Wort ist besser denn unserer Gebete tausend ... sei stille und höre dem zu, der es besser kann denn du. Und was er predigt, merke wohl und schreibe es auf.«

Gott hat viele Mittel und Wege, seine Leute zu lenken und

zu führen. Zu allen Zeiten sind solche Einfälle, solche gottgesandten Gedanken ein Mittel dazu gewesen. Ich habe immer mit leiser Sehnsucht daran gedacht, daß von einem Manne der Bibel gesagt ist: »Gott redete mit ihm wie ein Mann mit seinem Freunde redet.« Gott hat immer geredet, das Alte und Neue Testament sind voll davon. Sollte er heute schweigen und sich auf das zurückziehen, was in der Bibel niedergelegt ist? Diese Frage hat mich lange beschäftigt. Heute weiß ich, daß Gott redet und daß er einem offenen Herzen, das ihm gehört und das zum Gehorsam bereit ist, seinen Willen auf mancherlei Weise zeigt. Dazu gehört auch die direkte Inspiration oder der Einfall, wie ich das einfacher nenne. Man kann damit Wundergeschichten erleben. Die Richtigkeit erfahren wir ja erst, nachdem wir gehorsam waren und getan haben, was uns gesagt wurde. Das Wagnis bleibt also auf unserer Seite. Deshalb ist eine nüchterne Prüfung solcher Einfälle und evtl. auch ein Vergleich mit den Freunden notwendig.

Es wäre nicht gut, wenn wir in der Stille vor Gott angestrengt auf Sensationen warteten. Wichtig ist die Nähe Gottes und die Bereitschaft zum Gehorsam. Dann können aufregende Dinge geschehen, es kann aber auch alles still bleiben. Sicher ist, daß wir anders in den Tag hineingehen, als wenn wir ihn in der üblichen Hast beginnen.

Wenn wir es lernen, so den Tag mit Gott zu beginnen, dann wird es uns leichter, auch mitten im Ablauf der Arbeit die Nähe Gottes zu erfahren. Dann können wir in jeder Umgebung mit ihm reden, im Auto und in der Straßenbahn, im Büro oder an der Maschine. Dann können wir ihn auch fragen, was in dieser oder jener Lage zu tun sei. Ich habe mir angewöhnt, mit Jesus zu reden, als ob er leibhaftig neben mir herginge. Er ist ja wirklich da. Paulus nennt dieses natürliche und ganz selbstverständliche Reden des Herzens: Beten ohne Unterlaß. Man kann dabei sehr konzentriert seine Arbeit tun. In allem Durcheinander ist das Herz still.

Zum gehorsamen Leben brauchen wir noch eine andere Hilfe: die Gemeinschaft der Freunde. Wir haben uns angewöhnt, von Mannschaft zu reden. Das ist mitten in dieser Welt eine fast unbeschreibliche Sache. Wer Jesus nachfolgt, ist nicht mehr allein. Er ist eingegliedert in einen Organismus, der viele und sehr unterschiedliche Glieder hat und dessen Haupt Jesus Christus selber ist. Diese Glieder sind vom gleichen Blutstrom durchpulst, alle sind in gleicher Weise abhängig vom Haupt. Untereinander bewahren sie ihre Verschiedenheit und sind doch eine Einheit. Diese Lebensform enthält die Lösung für die beiden großen Zeitprobleme der Vermassung und auch der Vereinsamung. Jedes Glied wird wieder Persönlichkeit und entwickelt sich ganz in seiner eigenen Art. Und doch entsteht kein Individualismus, sondern eine schöne und freie Gemeinschaft. Sie ist tragfähig und umschließt am stärksten das Glied, das gerade mit Schwierigkeiten zu kämpfen hat.

In einer solchen Gemeinschaft zu leben ist ein großes Glück. Bequem ist es allerdings nicht, das sei auch nicht verschwiegen. Wir sind in herzlicher Liebe miteinander verbunden, aber es ist eine Liebe, die »des anderen Bestes will«. Dazu gehört gelegentlich auch eine deutliche Korrektur.

Die brüderliche Verbundenheit, das unbedingte Vertrauen und die Bereitschaft zur Hilfe machen es möglich, untereinander von den geistlichen Erfahrungen und Erkenntnissen zu berichten, die uns geschenkt wurden. Das, was uns in der Stille vor Gott eingefallen ist, interessiert auch die Freunde. Ihr unbefangener Blick, der nicht von Wünschen oder Abneigungen getrübt ist, kann oft viel deutlicher erkennen, was Gottes Wille oder was Einbildung ist, als wir selber. Darum machen wir Mut dazu, die Notizen möglichst häufig mit einem oder mehreren Freunden auszutauschen.

Die Mannschaft ist, wenn sie sich richtig entwickelt, nicht ein frommer Verein unter vielen, sondern eine Lebensgemeinschaft. Sie soll nicht den religiösen Sektor kultivieren, sondern auf dem Wege der Nachfolge vorwärtshelfen. Mit großer Dankbarkeit muß ich sagen, daß diese Gemeinschaft das schönste Geschenk ist, das wir bekommen können. Ich möchte nicht mehr ohne Mannschaft leben.

Ganz natürlich und im Grunde selbstverständlich ist, daß eine Mannschaft nicht zum Selbstzweck werden darf. Jede Gabe Gottes, die nicht in den Dienst gestellt ist, verkümmert. Wie dieser Dienst aussieht? Das wird sehr verschieden sein. Auf jeden Fall ist alles darauf ausgerichtet, andere Menschen auf den Weg der Nachfolge Jesu zu bringen und ihnen dann weiterzuhelfen. Dafür wird Zeit, Kraft und Geld eingesetzt, und jeder Einsatz macht die Mannschaft stärker und die Glieder reicher.

21. Vom sieghaften Leben

Seit langer Zeit beschäftigt mich die Frage, ob der Christ in der Praxis seines Lebens zu einer Freiheit gelangen kann, die aus den üblichen Gebundenheiten herausführt. Ob er wirklich den Sieg über die Sünde und über die Angst, über Hetze und Friedlosigkeit des modernen Lebens erringen kann, oder ob er genauso unfrei, gejagt und geängstet leben muß wie seine Zeitgenossen, nur eben getröstet durch seinen Glauben und durch die Hoffnung auf eine bessere jenseitige Welt.

Viele Freunde lächeln müde und etwas traurig, wenn sie vom sieghaften Leben hören. Man leugnet nicht, daß es so etwas geben muß; das Neue Testament berichtet ja genug davon. Aber die Praxis unseres Lebens? Man winkt ab und beginnt ein anderes Thema. Hier scheint die große Spannung zwischen Theorie und Praxis aufgerissen zu sein, der wir auch auf den anderen Gebieten des Lebens begegnen. Wir sind diesen Unterschied gewöhnt und finden kaum noch etwas dabei, wenn z. B. Männer, die gewaltig von Freiheit reden, auf lächerliche Weise durch Süchte gebunden sind oder wenn Prediger der Liebe sich gegenseitig nach allen Regeln der Kunst bekämpfen. Müssen wir uns nun auch daran gewöhnen, daß einer großartigen Theorie vom Sieg die Praxis eines kümmerlichen, traurigen und resignierten Lebens gegenübersteht?

Man kann dieser Frage natürlich ausweichen und tut das

am einfachsten dadurch, daß man sein Leben in zwei Bereiche aufteilt. In dem einen Bereich am Sonntag gilt die Theorie. Da wird vom Sieg in den Hütten der Gerechten gepredigt und gesungen, da sind die Herzen erhoben, und Glaube, Liebe, Hoffnung machen gar keine Schwierigkeiten. Man ist angerührt und läßt sich mitreißen von einer Welle seelischer Rührung.

Der andere Bereich ist der Alltag — der beginnt oft schon hart hinter dem Schlußvers des Gottesdienstes. Da ist alles wieder beim alten, man ist wieder nüchtern und geniert sich etwas über die sonntägliche Rührung. Vielleicht ist noch eine leise Traurigkeit im Herzen, weil man die Sonntagswelt nicht mitnehmen kann in einen Alltag ohne Liebe. Aber schließlich ist man ein Mensch des modernen Lebens und macht sich nichts vor. Jedes an seinem Ort! Der Übergang zwischen der frommen, theoretischen Welt und dem durchaus unfrommen praktischen Leben vollzieht sich nach einiger Übung so reibungslos, daß diese guten Christen es gar nicht merken, wie gespalten ihr Leben und Wesen geworden ist.

Einige Menschen weichen der Frage nicht aus. Sie kämpfen um festen Boden unter den Füßen. Sie wollen eine sichere, möglichst biblische Grundlage haben, um endlich aus allen Konflikten zwischen Leben und Lehre heraus zu sein. Und wenn schon kein sieghaftes Leben zu haben ist, dann soll wenigstens die Folge der Niederlagen mit einem guten Gewissen ausgestattet werden.

Das sieht etwa so aus: Man ist sehr demütig. Schon die Frage: »Sind Sie ein Christ?« wird ausweichend beantwortet. Man sagt, daß man sich Mühe gibt, es zu sein, daß man es aber natürlich nicht von sich sagen könne. Die einfache paulinische Frage: »Habt ihr den Heiligen Geist empfangen, als ihr gläubig wurdet?« wird als Anmaßung abgetan. Wer dürfte das bejahen?

Das klingt sehr demütig, und meist ist es auch so gemeint. Man hat seine Beruhigung gefunden in dem, was Gott für uns getan hat. Durch Jesus Christus hat Gott die Welt mit sich selbst versöhnt! Das ist am Kreuz geschehen und durch die Auferstehung vollendet, niemand kann diese Tat vergrößern oder verkleinern. Niemand kann dem Tatbestand der Erlösung etwas hinzufügen, wir können das Geschenk nur in Demut annehmen. Das ist richtig. In der Praxis geht das aber so weiter: Durch die Erlösung werden wir gerechtgesprochen, obwohl wir Sünder sind und Sünder bleiben. In uns ändert sich nichts, wir bleiben, wie wir nun einmal sind. Nur Gott sieht uns jetzt gnädig an. Ja, jeder Versuch einer Änderung des Verhaltens oder gar des Wesens wird als Werkgerechtigkeit abgetan oder als menschliche Selbsterlösung und Schwärmerei verdächtigt. Man kann das alles biblisch belegen. Man braucht dann nur noch Luther ein wenig schief zu zitieren und endet bei dem »tapferen Sünder« mit dem guten Gewissen. Für den Außenstehenden bieten diese Frommen, deren Gutgläubigkeit nicht bestritten werden soll, einen schweren Anstoß. Sie werden immer dann zitiert, wenn etwas gegen Gott oder Kirche zu sagen ist, denn der schreiende Unterschied zwischen der Theorie ihrer sichtbaren Frömmigkeit und der ebenso sichtbaren Praxis ihres schrecklich unfrommen Lebens ist nicht zu überbrücken. Aber sie haben ein gutes Gewissen und lassen sich das sonntäglich neu bestätigen.

Es gibt dann noch einen ganz anderen Ansatzpunkt für sieghaftes Leben. Auch er wird den Aussagen des Neuen Testamentes entnommen. Das Schwergewicht liegt bei dem Wort »kämpfen«. Paulus sagt das deutlich: »Kämpfe den guten Kampf des Glaubens!« Er beschreibt das Christenleben als Kampf und redet in Bildern und Ausdrücken, die aus dem griechischen Sportleben kommen. Und in der Offenbarung des Johannes ist nicht einfach den Gläubigen, sondern den Siegern die Krone verheißen.

Also führen diese Christen ihr Leben als einen dauernden Kampf. Die Richtlinien dafür werden der Bergpredigt entnommen. Es sind großartige, erhabene, absolute Ziele. Der Endpunkt ist die Vollkommenheit des Menschen und eine neue

Welt, denn Jesus hat gesagt: »Ihr sollt vollkommen sein, wie euer Vater im Himmel vollkommen ist.« Er hat auch von einer neuen Welt geredet.

Beide Wege führen nicht zum sieghaften Leben, obwohl sie mit Bibelworten reichlich ausgestattet sind. Die Menschen, die sich auf den biblischen Indikativ verlassen, auf die Beschreibung dessen, was für sie geschehen ist, und die eine Änderung gar nicht erst suchen, weil ja »doch unser Tun umsonst« ist, werden zum Ärgernis für die Welt. Glaube ohne Werke ist tot. Die anderen, die allein den biblischen Imperativ zum Mittelpunkt machen und mit allen Kräften eine Änderung des Menschen und der Welt erreichen wollen, enden folgerichtig in Resignation oder in einer Ideologie.

An dieser Stelle sind viele Menschen festgefahren. Sie haben bei irgendeiner Gelegenheit, bei einer Tagung oder sonstwo den Ruf Gottes gehört. Sie sind nachdenklich geworden und fingen an umzudenken. Ihr erfolgreiches und vielleicht auch »frommes« Leben sah nun nicht mehr so glorios aus. In der Stille vor Gott wurde ihnen klar, was ihre Sünde war. Sie bekehrten sich, d. h. sie bekannten ihre Sünden, nahmen die Vergebung mit ehrlichem Herzen an und übergaben ihr Leben dem Herrn Jesus Christus. Das neue Leben unter der Königsherrschaft Gottes begann mit großer Freude und mit beachtlichem Schwung. Schiefe Verhältnisse wurden geordnet, Unrecht wurde tapfer wieder gutgemacht, alteingefahrene törichte und lästige Gewohnheiten, an die man fest gebunden war, ließen sich jetzt durchbrechen und beseitigen. Man erlebte mit Staunen und tiefer Beglückung die Führung durch den Heiligen Geist und entdeckte die Bibel wie ein Wunderland. Das Leben war reich und schön.

Wie konnte es jemals anders werden? Keiner kann genau sagen, wo die Müdigkeit anfing und wann sich der Glanz verdunkelte. Es sind keine Einbrüche geschehen, aber der Schwung ließ nach, und die Freude erlosch langsam. Man riß sich zwar zusammen, aber aus der Führung des Heiligen Geistes wurde Betrieb und aus der leuchtenden Freude ein Krampf.

Die alten Gewohnheiten machten ihren Anspruch wieder geltend, die Sünde klopfte an die Tür und konnte nur mühsam abgewiesen werden. Man kämpfte tapfer dagegen an, nahm immer wieder einen neuen Anlauf und wurde dann traurig und verzagt. Vom sieghaften Leben war keine Rede mehr. Dafür fing man an, von Erinnerungen zu leben, die sich in den Berichten immer mehr vergoldeten.

Was haben wir falsch gemacht? Haben wir zuviel erwartet, oder hat Gott uns im Stich gelassen? Wollten wir für dieses Erdenleben haben, was erst für die Ewigkeit bestimmt ist, oder haben wir uns nicht genug angestrengt? In dieser Lage, in der wir alles getan und doch nicht viel erreicht haben, in der unsere Gebete, unser guter Wille und alle seine Bemühungen gegen eine Wand stoßen, dürfen wir uns auf keinen Fall selbst bemitleiden! Diese Klippe muß zuerst gesehen und vermieden werden, weil wir sonst nicht vorwärtskommen. Selbstmitleid ist eine tödliche Gefahr. Auch das Mitleid der anderen schwächt uns. Hüten wir uns vor Freunden, die uns bemitleiden und bedauern. Jesus nannte einen solchen Freund einen Satan!

Wenn die Lage so ist, wie wir sie eben gesehen haben, dann befinden wir uns in einer Krise. Sie kann nur überwunden werden, wenn wir ihre ganze Tiefe erkennen. Wir sollten nicht den Versuch machen, sie zu überspielen. Die Krise ist nicht von ungefähr über uns gekommen. Wir sollten etwas ganz Neues lernen und nachher auf einer höheren Ebene vorwärtsgehen. Wenn wir uns aber der Krise entziehen, statt sie zu überwinden, dann wird sie in einer anderen Form wiederkommen und wird uns noch tiefer demütigen.

Als wir uns zu Gott bekehrten, sahen wir unser bisheriges so tadelloses Leben in einem neuen Licht und erkannten unsere Sünden. Wir hatten Sündenerkenntnis, aber so gut wie gar keine Erkenntnisse über unser Wesen. Unsere Unwissenheit war unsere Unschuld. Nun will Gott uns eine Stufe tiefer führen.

Als Goethe sagte: »Gott bewahre mich davor, mich jemals

ganz kennenzulernen«, ahnte er den Abgrund, den er dann sehen würde. Wir haben harte Stunden durchzustehen, wenn Gott uns zeigt, wie wir wirklich sind. Dann geht es nicht mehr um das einzelne Böse, was wir getan haben, sondern um die in uns ruhenden Möglichkeiten zum Bösen. In diesen Stunden müssen wir zugeben, daß wir nur durch unsere Feigheit und durch das Eingefügtsein in bestimmte zivilisierte Lebensformen davor bewahrt geblieben sind, ein Lump zu werden.

Das kann man keinem Menschen einreden, er wird sich sehr dagegen verwahren. Auch der Bibel glaubt man das nicht. Aber in der Dunkelheit der Krise geht uns das von selbst auf. Gerade wir Menschen mit der seriösen Vergangenheit und mit dem guten Willen zum anständigen Leben kommen um diesen Tiefpunkt nicht herum. Erst wenn uns der letzte Rest von Vortrefflichkeit und alle erfolgversprechenden Anlagen, alle Pläne und auch die schönen Erfahrungen weggeschwommen sind, stehen wir so arm vor Gott, daß er mit uns etwas anfangen kann. Dann geht es uns wie den Jüngern, wir »sehen niemand mehr als Jesus allein«. Die Krise kann überwunden werden, wenn wir wieder da anfangen, wo unser Leben begonnen hat: am Kreuz Jesu. Wir suchen und empfangen nun die Vergebung auf einer anderen Stufe. Es geht jetzt nicht mehr um Vergebung für bestimmte Taten oder Unterlassungen, sondern um Erlösung von unserem sündigen Wesen. Jesus ist nicht nur gestorben, um uns immer wieder die gleichen Sünden zu vergeben, sondern er ist gestorben und auferstanden, damit wir in einem neuen Leben wandeln sollen.

Der Schlüssel für unsere Frage nach dem sieghaften Leben liegt in der Wiedergeburt. Sie ist Gottes Geschenk an Menschen, die ihm in einer klaren Entscheidung ihr Leben ausgeliefert haben. Wer die Bibel kennt, der weiß, mit welchem Nachdruck Jesus darüber geredet hat. Im 3. Kapitel des Johannes-Evangeliums steht: »Wenn jemand nicht von oben her geboren ist, kann er das Reich Gottes nicht sehen.« Wenn im Neuen Testament von Gemeinde geredet wird, dann ist die Wiedergeburt ihrer Glieder die selbstverständliche Voraussetzung. Die Bergpredigt ist die Lebensordnung der Wiedergeborenen — sie als Sammlung von Regeln und Gesetzen für jedermann aufzufassen, ist ein totales Mißverständnis.

Wie ist das Verhältnis der Wiedergeborenen zur Sünde und zur Niederlage? Muß man im neuen Leben nicht mehr sündigen? Diese Frage ist im Neuen Testament merkwürdigerweise nicht zu finden. Dagegen stellt Johannes mit erstaunlicher Sicherheit fest: »Jeder, der aus Gott geboren ist, tut keine Sünde!« Wie ist das möglich? Steht das nicht im krassen Widerspruch zu unseren eigenen traurigen Erfahrungen?

Jetzt hängt alles daran, daß wir den Zielpunkt nicht verschieben. Er ist hoffnungslos verfehlt, wenn wir an dieser Stelle mit moralischen Anstrengungen ansetzen. Kein Gebot Jesu ist von der moralischen Bemühung zu erfassen. Das endet mit ziemlicher Sicherheit in Verkrampfung. Deshalb weist Jesus unseren Bemühungen eine ganz andere Richtung. Er sagt: »Bleibet in mir! Wer in mir bleibt und ich in ihm, der bringt viel Frucht!« Damit ist das Geheimnis des neuen, des sieghaften Lebens klargelegt. Es besteht in der Tatsache: Christus in mir! »Unsere Heiligung bedeutet, Einssein mit Jesus. Heiligung ist nicht etwas, das Jesus in mich hineinlegt. Heiligung ist: Er selbst in mir!« (Chambers). Wenn diese Verbindung besteht, dann b r a u c h t der Christ nicht zu sündigen. Natürlich k a n n er es tun, das liegt in seiner Entscheidung: wir alle tun es, aber es ist immer mit einer Lockerung der Beziehung zu Jesus verbunden. So ist die grundsätzliche Situation. Daß in der heutigen, praktisch gottlosen, von Diktatoren und Ideologien beherrschten Welt auch der Christ in Lagen kommen kann, die eine klare Entscheidung gegen die Sünde erschweren oder unmöglich machen, weiß ich. Johannes hat das aber auch gewußt, als er sagte: »Sollte aber jemand sündigen, so haben wir einen Fürsprecher beim Vater, nämlich Jesus Christus, den Gerechten.«

Darum der Anruf zur Wachsamkeit! Darum das Ernstnehmen des Teufels, der mit viel List die Kinder Gottes angreift — er wäre ein miserabler Taktiker, wenn er die Leute beschießen wollte, die ihm sowieso gehören. Daß der Teufel uns beschießt, können wir nicht hindern. Es ist eine Sache unserer Wachsamkeit, ob wir getroffen werden. Paulus beschreibt im Epheserbrief die Waffenrüstung, die uns zur Verfügung steht, und den Schild des Glaubens, mit dem wir »alle feurigen Pfeile des Bösen auslöschen können«.

So ist also die Lage: Das sieghafte Leben ist nicht das Ergebnis unserer Bemühungen, sondern es geschieht durch die Gemeinschaft mit dem auferstandenen Jesus Christus. Er verwandelt durch seine Kraft unsere Triebkräfte und verleiht uns seine Eigenschaften. Sieghaftes Leben ist an die Person Jesu gebunden. Soweit und solange wir »in ihm« sind, leben wir im Sieg, und die Sünde und die Angst haben keine Macht über uns.

Was können wir nun tun? Zu dem Pensum, das ein Christ zu lernen hat, gehört die Unterscheidung zwischen dem, was Gott tut und dem, was wir zu tun haben. Wenn wir das verwechseln, kommen wir in ein übles Durcheinander. Wir können uns weder retten noch heiligen, das tut Gott. Das Bleiben in ihm und die praktische Bewährung im Alltag hat er uns aufgegeben. Wir sollten nicht versuchen, das auch noch zur Aufgabe Gottes zu machen. Aber wir können uns gegenseitig dabei helfen. Welche Hilfen gibt es?

1. Die Gemeinschaft der Gläubigen. Kaum ein Christ kann auf die Dauer allein leben. Wir brauchen einander wie das tägliche Brot. Wer allein steht, muß die Gemeinde suchen und Gott die Tür einrennen, bis er den Bruder findet. Vielleicht wird der uns nicht fertig ins Haus geliefert, vielleicht müssen viele Wege gegangen werden. Aber Gott weiß es, daß wir einander brauchen.

2. Ständige Erziehung zum richtigen Blickpunkt. Wenn wir uns schon bei der kleinsten nahenden Schwierigkeit dem Herrn Jesus zuwenden und ganz sicher mit seiner Gegenwart rechnen, dann wird uns manche Niederlage erspart bleiben. Blickpunkt ist er selber! Nicht auf Menschen, nicht auf Schwierigkeiten, nicht auf die Möglichkeit zur Sünde sehen, nur auf

ihn! Wenn uns das zu einer fast unbewußten geistlichen Gewohnheit geworden ist, sind wir einen wichtigen Schritt vorwärts gekommen. Aber diese Gewohnheit muß eingeübt werden.

3. Die Vergebung ernst nehmen! Dazu wollen wir uns gegenseitig erziehen. Die Vergebung ist ein so radikaler Eingriff in unser Leben, daß man sie mit Worten gar nicht recht beschreiben kann. Und wenn einer nicht wachsam war und in Sünde gefallen ist, dann soll er nicht traurig und voller Selbstmitleid am Wege liegen bleiben und warten, bis ihn jemand bedauert. Er soll sofort aufstehen und seine Sünde zum Kreuze Jesu bringen — er soll schon eher dort sein als der Ankläger. Dabei wird er merken, daß das schnelle Aufstehen ein selteneres Fallen zur Folge hat.

4. Die Sünde ernst nehmen! Wenn Christen sündigen, dann ist die Lage anders, als wenn ein Weltkind das gleiche tut. Es ist ein Unterschied, ob jemand eine lästige Polizeiverordnung übertritt, oder ob ein Kind die Ordnung im Hause des geliebten Vaters mißachtet. Die Liebe zum Vater sollte uns lehren, die Sünde zu hassen. Wir wissen, was diese Sünde den Herrn Jesus gekostet hat. Wir b r a u c h t e n sie nicht zu tun; um so schlimmer, wenn sie doch geschehen ist.

5. Aus der Bibel leben! Sie ist das Wort Gottes an uns. Aber sie erschließt sich uns nicht so wie ein wissenschaftliches Werk. Geistige Neugierde reicht nicht aus, um aus der Bibel leben zu können. Ein Kennzeichen des neuen Lebens ist der Hunger nach dem Wort der Bibel und das ständige, ernste Bemühen, es zu erfassen. In ihm lernen wir Jesus näher kennen. Im tiefsten Grunde erschließt sich die Bibel als Wort Gottes an uns erst, wenn wir mit der Bereitschaft zum Gehorsam an sie herangehen.

Ein alter Grundsatz sagt, daß die Bibel sich selbst erklärt. Wenn wir in der Mannschaft seit Jahren ein Buch des Neuen Testamentes nach dem anderen durchforschen, dann benutzen wir dabei die verschiedensten Übersetzungen. Sie stehen ja alle zur Verfügung: Menge, die Zürcher Bibel, Bruns, Albrecht,

Schlatter, Pfäfflin, die katholische Übersetzung von Karrer, die Elberfelder und die Plattdeutsche und noch andere. Man gibt soviel Geld für weniger wichtige Bücher aus. Ich werde immer wieder dazu aufrufen, doch regelmäßig mit einigen Freunden gemeinsam die Bibel zu lesen. Dann geschieht etwas an uns. Wir wachsen.

6. Warten lernen! Wenn wir durchaus nicht erkennen können, wie der Weg weitergehen soll, dann beginnt die Aufgabe des Harrens. Das ist nicht ein passives und leicht beleidigtes Hocken im Winkel, sondern ein höchst gespanntes, weit nach vorn ausgestrecktes Warten auf das, was Gott tun will oder was er von uns getan haben will. Dieses Harren kann uns ganz loslösen von eigenen Plänen, auch von dunklen Stimmungen, und kann uns bereit machen.

7. Sich gegenseitig anspornen! Nicht der ist unser bester Freund, der uns in unserer zufriedenen Selbstverwirklichung bestätigt, sondern der, der uns mit Energie auf unsere Aufgabe verweist. Wir haben fast alle die Neigung, uns vornehm zu isolieren und uns aus hartem Kampf des Tages zurückzuziehen. Das mag auch sehr schön und beschaulich sein, aber es entspricht kaum dem Willen Jesu. Manchmal meinen wir, gute Gründe für unsere Zurückgezogenheit zu haben. Es kann sein, daß erfahrene Ungerechtigkeit und Undankbarkeit und unangenehme Mißverständnisse uns in die Einsamkeit bringen. Aber dort werden wir das sieghafte Leben kaum finden. Da brauchen wir Freunde, die uns einen Rippenstoß geben und uns wieder auf den Weg bringen.

R. BROCKHAUS TASCHENBÜCHER

146/147	**Um Füße bat ich und er gab mir Flügel** v. D. C. Wilson
178/179	**Finger an Gottes Hand** v. D. C. Wilson
184	**Man lebt – fragt sich nur wozu?** v. K. Vollmer
188	**Das normale Christenleben** v. W. Nee
194	**Er führt mich auf rechter Straße** v. E. Modersohn
195	**Nachdenken – Umdenken – Neudenken** v. K. Vollmer
196	**Teenager-Probleme** v. K. Eickhoff
201	**Ich muß mit dir reden** v. K. Eickhoff
206	**Im Schatten des Allmächtigen** v. E. Elliot
222	**Ich bin der Herr dein Arzt** v. H. C. Spurgeon
226	**Liebe dich selbst** v. W. Trobisch
228	**Das neue Erwachen** v. R. Hession
243	**Aber Herr Noah . . .** v. K. Vollmer
244**	**Der Doktor von Titinow** v. R. Planner-Petelin
249	**Warum unbedingt Jesus?** v. W. Heiner
252	**Fragen erlaubt** v. E. Price
254	**Die Zuflucht** v. C. ten Boom
257*	**Die Verlobung** v. W. Peper
260	**Und etliches fiel auf den Fels** v. B. Giertz
261	**Ja, aber . . .** v. R. Forster und P. Marston
263	**Seelsorge – wie macht man das?** v. R. Ruthe
265	**Denken erwünscht!** v. G. Schröter
266	**Der Hut auf dem Dielentisch** v. J. R. Davis
267	**Zwischen Gott und Satan** v. H. Thielicke
268	**Rebell aus Liebe** v. G. Irwin
270	**Liebe, die den Haß besiegt** v. F. Kivengere
271	**Kleine Therapie für geistliche Durststrecken** v. W. Trobisch
273**	**Der Eukalyptusbaum** v. A. Ignatius
274	**Krankheit muß kein Schicksal sein** v. R. Ruthe
279	**Jugend und Ehe** v. C. Meves
281	**Der Spiegel Gottes** v. W. Nee
283*	**Wir waren damals auch nicht besser** v. A. Richardson
286	**Glaube trotz KGB** v. H. Hartfeld
287	**Die Brücke über den San** v. E. Dembsen
289	**Wie sage ich: »Ich liebe dich«?** v. J. J. Swihart
290	**Gib nicht auf, Wanja!** v. M. Grant
291	**Der Schmuggler Gottes** v. Br. Andrew
292	**Wir sind hier fremde Gäste** v. G. Tersteegen
293	**Wie sollt ich Gott nicht loben** v. M. Claudius
294	**Geheime Fracht** v. J. H. MacLehose
295	**Täglich mit ihm sprechen** v. C. Marshall
296	**Im Weingarten** v. A. de Moor
297	**Der neue Sound** v. A. Malessa
298	**Eseleien** v. S. Kettling

302	**Ich gedenke der vorigen Zeiten**	v. K. Heim
304	**Dein Typ ist gefragt**	v. O. Hallesby
305	**Freu dich, das Beste kommt noch**	v. C. ten Boom
307	**Unschuldig wie Gott sie schuf?**	v. J. Illies
308	**Mit eigenen Augen**	v. B. Giertz
309	**Das Schönste kommt noch**	v. F. Rienecker
310	**Toleranz und Wahrheit, wie Hund und Katze?**	v. S. Kettling
312	**Mit Gott durch dick und dünn**	v. C. ten Boom
313	**Achtung: Fehlschaltung!**	v. M. Horie
314	**Tal der Liebe**	v. E. Hong
315	**Kinder brauchen mehr als Liebe**	v. J. Wilt
316	**Der Nachbar aus dem andern Land**	v. H. D. Quandt
317	**Schreiben befreit**	v. W. Jentsch
318*	**Trödeleien**	v. A. Richardson
320	**Bete und staune**	v. K. Marshall
321	**Der geheilte Patient**	v. P. Hebel
322	**Die zweite Frau**	v. B. Schmidt-Eller
323	**Dein Wort ist meines Herzens Freude**	v. M. Luther
324	**Pioniere des Wortes**	v. R. Steiner
325	**Pilatus**	v. P. L. Maier
327	**Atomkraft – ja oder nein?**	v. Heil/Mosner/Sautter
331	**Gott tröstet**	v. H. Risch
332	**Freiheit**	v. M. L. King
333	**Die Rettung der Verlorenen**	v. T. Goritschewa
334	**Mit Muslimen leben**	v. Troeger/Staub/Sookhdeo
335	**Damals im Sommer**	v. C. Massey
336	**Luther als Seelsorger**	v. T. Brandt
337	**Irina**	v. H. Hartfeld
338	**Sterben – Der Höhepunkt des Lebens**	v. Maier-Gerber
339	**Faulheit ist heilbar**	v. R. Ruthe
340	**Wer nicht glaubt, glaubt auch**	v. K. Vollmer
341	**Vom Kirchenvater Abraham u.a. Ungereimtheiten**	v. S. Ben-Chorin
342	**Die Endzeit**	v. O. Hallesby
343	**Jugenderinnerungen eines alten Mannes**	v. W. v. Kügelgen
344	**Jesus ist Sieger**	v. C. ten Boom
345	**... höher als alle Vernunft**	v. B. Affeld
346	**Ein Sprung im Glas**	v. I. W. Weiberg
347	**Kennen Sie ihn?**	v. I. Hofmann
348	**Ich mag dich**	v. Bärend/Böhm
349	**Vom gottseligen Leben**	v. J. Arndt
350	**Kleines Haus mit offenen Türen**	v. C. ten Boom
351	**Michelle**	v. C. E. Phillips
352	**Der Kirchenstreicher**	v. H.-D. Stolze

* »Erntebücher« – Besonders klares Schriftbild

** »Brockhaus Extra« – »Viel Buch für wenig Geld«